新时代
〈管理〉
新思维

资本运作

做一家值钱的公司

胡华成——著

CAPITAL OPERATION

清华大学出版社
北　京

内 容 简 介

随着经济的蓬勃发展，资本市场涌现出越来越多的创业机会。但是，中小型公司的竞争越来越激烈，如果创始人始终将实现盈利作为发展重心，很容易失去战略机会，成为大公司的踏脚石。

本书对提升公司价值涉及内容进行了全方面、多角度解读，读者能够利用书中提供的方法解决上述问题，同时持续完善公司的治理机制、商业模式、股权结构，使公司进入战略清晰、管理高效、职责分明的良性经营状态，实现公司价值的全面提升。

图书在版编目（CIP）数据

资本运作：做一家值钱的公司 / 胡华成著 . —北京：清华大学出版社，2022.6（2024.10重印）
（新时代 • 管理新思维）
ISBN 978-7-302-60366-5

Ⅰ . ①资…　Ⅱ . ①胡…　Ⅲ . ①资本运作—研究　Ⅳ . ① F830.59

中国版本图书馆 CIP 数据核字 (2022) 第 044100 号

责任编辑： 刘　洋
装帧设计： 方加青
责任校对： 王荣静
责任印制： 宋　林

出版发行： 清华大学出版社
　　网　　址： https://www.tup.com.cn，https://www.wqxuetang.com
　　地　　址： 北京清华大学学研大厦 A 座　　**邮　　编：** 100084
　　社 总 机： 010-83470000　　**邮　　购：** 010-62786544
　　投稿与读者服务： 010-62776969，c-service@tup.tsinghua.edu.cn
　　质 量 反 馈： 010-62772015，zhiliang@tup.tsinghua.edu.cn
印 装 者： 三河市春园印刷有限公司
经　　销： 全国新华书店
开　　本： 170mm×240mm　　**印　　张：** 15.5　　**字　　数：** 247 千字
版　　次： 2022 年 8 月第 1 版　　**印　　次：** 2024 年10月第 3 次印刷
定　　价： 88.00 元

产品编号：091520-01

前言

据工业和信息化部统计，目前中小型公司占公司总数的99%以上，成为推动我国经济发展的中坚力量。市场上80%的利润被20%的龙头公司分走，越来越多的中小型公司只能在夹缝中艰难求生。

笔者曾向全国16个省、市发布5000份经营调研问卷，共回收有效答卷4562份。在对这些调研结果进行分析后，笔者发现，我国90%以上的中小型公司存在资本战略不合理、商业模式陈旧、融资路径单一等问题。本书抓住这些痛点，全面系统地讲述了如何改造公司的资本基因，通过资本运作打造一家“值钱的公司”。

随着金融改革的不断推进，传统产业结构及营销模式受到冲击，公司的经营发展模式也发生了显著变化。如今，公司的体量越来越大，成长速度越来越快，这使得我们无法仅凭资产规模和营业收入评判一家公司的价值。

在金融资本时代，公司估值越高，其融资能力及抵御风险能力就越强，越能在激烈的市场竞争中立于不败之地。这也为中小型公司发展带来了另一种可能。优秀的管理者更应借此机会建立有效的经营管理模式，使得公司由传统的商业经营模式向新型资本经营模式转变，全面提升公司的价值。

本书以打造一家值钱的公司为核心，针对诸如资本规划、商业模式、股权设计、市值管理等问题进行全面解释，并给出了具体解决办法。例如，本书在第二章简述了资本规划中存在的四大误区，重点讲解了进行资本规划应遵守的规则，同时给出了玩转资本的三条方法论。

笔者将自身丰富的知识积累和多年的实践经验浓缩成书奉献给每一位读者。本书不仅选取了许多具有代表性的案例，实现了理论、实例、方法论的有机结合，还以诙谐浅显的语言进行深入浅出的讲解，并配有精心制作的图表，读者可以轻松吸收案例背后的逻辑和实战技巧。

笔者希望读者在阅读本书以后，能够清晰地了解公司的经营逻辑，利用书中讲述的运作理论和方法应对行业中的挑战，为公司建立完善的管理机制及运营系统，掌握打造值钱公司的方法，实现公司盈利能力和风险抵御能力的提升。

目录

第1章 资本架构：被隐藏起来的资本真相

第2章 资本规划：解决资本的进出问题

第3章 资本战略：定好方向，严格执行

第4章 顶层设计：玩好能增值，玩坏会减值

第5章 商业模式：从百万公司到千万公司

第6章 利润增长：扩大公司的盈利空间

第7章 品牌 IP 化：形象好的公司更值钱

第9章 投资：大市场内“孵小鱼”

第10章 股权设计：精准分配各方利益

第12章 市值管理：实体与资本的良性交互

第13章 并购重组：搞活公司资本的重要途径

第1章

资本架构：被隐藏起来的资本真相

随着市场经济体制的逐步健全，资本逐渐被视为一种经济权力，越来越多的公司借助资本的力量跨过生存阶段，进入高速成长阶段。在从一个阶段向另一个阶段转变的过程中，隐藏在资本背后的真相也暴露在我们面前。

如今的资本架构不单是指公司各类资金的构成及其占比，还包括狭义的组织架构设置、流程管理、职责划分等。掌握资本架构，了解被隐藏的资本真相，有利于我们合理规划资本，正确实施资本战略，更好地发挥公司的竞争优势。

1.1 公司不仅要赚钱，还要值钱

随着金融改革的不断深入，新兴市场模式对传统的公司结构和营销模式产生了巨大冲击。随着用户需求和融资方式的多样化，我们对公司的要求也由赚钱变为值钱。

想要从一家赚钱的公司变成一家值钱的公司，我们需要在把握好传统商业模式的同时，学会培养公司的资本模式。一家具有资本思维的“值钱”的公司，不仅需要有系统的盈利思维，还需要有极强的融资能力。如果我们可以把握住产业并购的机会，公司的收益也会呈指数级增长。

1.1.1 正在消失的资本纵容时代

在市场经济时代，公司与资本是“债权型”关系。当公司处于上行期时，资本会主动给公司投资；公司一旦遇到困难，资本就可能釜底抽薪，使公司更加举步维艰。

随着资本经济时代的到来，公司与资本的关系也由“债权型”变为“股权型”。资本将资金投资给公司，换得公司股份。在公司经营困难时，资本便会由于持有公司股权而被迫与公司共度时艰；在公司高速增长时，资本也可以衡量利益，适时退出。这种方式能够保障公司运营稳定性，实现公司可持续发展。

共享单车一度成为资本争相投资的行业，ofo乘风而起，成为崛起最快的互联网公司之一，短短几个月就进行了五轮融资，融资金额累计超过2亿美元。由于资本大量涌入，ofo并没有考虑如何有效控制成本、实现长效化运营等问题，而是试图依靠“烧钱”来扩大市场。在缺少精细化管理和良性盈利模式的情况下，ofo终究无法实现长久经营。短短3年，其公司就陷入资金链断裂的窘境。创立初期得到过多的资本加持是ofo之幸，也是其最大的不幸。随着传统商业模式的转变，这些“独角兽”公司在失去资本的纵容，后逐渐走向衰败。

如今的资本不再盲目投资处于扩张期的公司，他们更关注公司的盈利状况，也更重视公司的运作思路。这也导致许多“独角兽”公司始终徘徊在上市的边缘，而迟迟无法上市。

1.1.2 “赚钱的公司”VS“值钱的公司”

某市A、B两家餐厅同时开业，由于A餐厅聘请的大厨水平很高，开业仅两个月就实现了盈利；而B餐厅尽管在开业前就制定了详尽的服务流程和产品标准，却始终没有实现盈利。如果根据盈利情况进行分析，似乎A餐厅更有价值，但实际上A餐厅只能称为一家赚钱的公司，暂未盈利的B餐厅才称得上是一家值钱的公司。因为在资本视角下，后者能以更低的成本快速实现扩张。

为什么资本眼中“赚钱的公司”缺乏价值呢？下面我们利用上文提到的A餐厅加以分析。

1. 业务范围有限

有时公司会主打某地区市场，如着力创建某省第一品牌。公司决策者会被这个目标局限，在舒适区止步不前。餐饮行业更是如此。食客的口味往往具有极强的地域特征，如江南地区的人爱吃甜，川蜀地区的人爱吃辣，A餐厅正是由于迎合了当地用户的口味，因此能够快速实现盈利。但这样的公司缺点也很明显，它们往往缺乏创新精神，故而难以获得资本的青睐。

2. 业务模式单一

大多数公司的业务模式都是一对一销售，销售方式无法复制且人力成本很高。A餐厅能快速实现盈利，是因为它找到了技艺精湛的大厨，这也意味着A餐厅的业务始终需要围绕大厨展开；一旦大厨离职，A餐厅将不再具有竞争优势，从而陷入被动局面。

“赚钱的公司”最大的缺点就是存在利润却缺乏前景，易导致用户流失。“值钱的公司”才是真正有价值的公司。衡量一个公司“值钱”与否，并不靠利润、现金流等指标，而要看其商业模式。规划长远的公司可能暂时处于亏损状态，一旦它们成功占据用户和市场份额，就能扭亏为盈。

“值钱”的公司往往具备一些共性特点，下面我们利用上文中的B餐厅进行分析。

1. 产品扩展性强

建立初期B餐厅并没有急于开业，也没有将目光局限于本市，而是从整个餐饮行业出发，制定了详尽的服务流程和产品标准，同时将公司的经营范围扩大至全国。

2. 业务具有可复制性

一家值钱的公司其业务是可复制的。在经营后期，随着公司业务范围扩大，可复制的业务能力可以降低公司的边际成本。同时，公司可以在经营过程中不断试错，进一步完善业务标准，从而满足扩张需求。

B餐厅制定了详尽的服务流程和产品标准，在经营过程中，它只需要根据实际情况进行完善，之后的每一个分店都可以使用这个标准，无须重新分析研发。

1.1.3 早期琢磨赚钱的公司容易错失先机

公司若想崭露头角，一定要有创新之处，但新技术、新市场形成初期往往不够稳定。如果我们在创立初期就将尽早盈利作为发展重心，很容易将自身优势消磨殆尽，同时也会给那些虎视眈眈的大公司以抢占市场的机会。

不仅如此，在早期用户数量较少的情况下，希望尽早盈利的公司容易出现过度重视用户数据的问题，这样不仅得不到准确的市场反馈，还容易导致战略规划失误。

公司想要实现长久发展，需要重点提升管理能力，不断更新商业模式、完善治理方案、优化资本结构，从而由机会导向型公司转变为管理层次清晰、市场资源广阔的战略导向型公司。

同时，将尽早盈利作为发展重心虽然可以快速实现盈利，但公司无法从中获取更多的利润，久而久之会陷入不创新无法吸引新用户，创新又会丧失老用户的尴尬境地。

值钱的公司能够以更低的成本实现快速扩张，这也使它们可以较为轻松地获得资本市场的认可，从而吸引更多资本投入。这些公司的早期盈利状况或许并不理想，但是只要成功占据市场，公司就能正式步入发展阶段。

1.1.4 资本和创始人，到底谁让公司“死亡”？

WeWork 是一家“共享办公空间”的公司，其主营业务模式是租下大片办公空间，通过精心规划、装修，将整个办公空间分成一个个小模块，然后短租给小型公司或自由职业者。由于这种租赁方式符合小型公司的办公需求，这家公司在成立初期被视为最有价值的新兴科技公司。

如今，其 CEO 诺依曼离职，导致众多投资人对该项目失去信心。新任 CEO 采取裁员、放缓公司增长速度和专注核心业务等政策，以期恢复投资人的信心。但《经济学人》杂志仍发出了提问：“还有什么能阻止它走向破产的滑坡吗？”

那么，是什么原因导致这家盛极一时的联合办公公司走向没落呢？

1. 资本因素

根据普华永道发布的 Money Tree TM 报告可以知道，2019 年上半年 TMT 行业（即电信、媒体和科技行业）共有 878 起投资案例公布投资金额，总计 148.96 亿美元，创下历史新低。不仅投资金额明显减少，启动项目的投资数量也出现明显回落，这都是资本谨慎的表现。

而之前资本对于新兴公司可谓无限纵容，创造出无数“独角兽”公司。作为日本软银集团的 CEO，孙正义十分看好联合办公模式，总计投资 107 亿美元。但实际上，他并不了解 WeWork 公司的经营情况，直到该公司宣布推迟上市，《华尔街日报》公开批评诺依曼，他才幡然醒悟，要求立刻把诺依曼从管理层除名。

2. 创始人因素

互联网的发展使得资本看到了科技带来的无限商机，而新兴公司需要大量融资的特点使资本放松了对创始人的警惕。那些漠视规则的公司创始人，同样会导致或加速公司的破产。

在 WeWork 的募股文件中，投资者发现很多疑点。例如，诺依曼曾以极低的利率从公司贷款，在买下 4 座写字楼后又转手将它们转租给公司，从中赚取租金。不仅如此，他还曾注册一系列相关商标，并在担任 CEO 后利用职权斥巨资从自己手中买下这些商标的使用权。他不注重公司的经营扩张，还给投资者"画大饼"……诺依曼这一系列违规的操作最终导致公司走向没落。

资本对新兴公司的首次评估出现失误，后期也没有持续跟进公司经营状况，盲目的投资使公司创始人无限膨胀，WeWork 公司的没落就是这两个因素综合作用的结果。

1.1.5 从产品思维转型为资本思维

企业家往往习惯于产品思维，而资本家则更习惯于资本思维。要想让公司变得"值钱"，我们必须学会利用资本思维经营公司。

产品思维习惯于交易双方一手交钱一手交货，但当出现意外情况，买卖双方无法当面交易时，又该怎么办呢？

例如，采购大量的基础机械设备，交易周期长、交易金额大，就可以采用先货后款或分期支付的方式。卖方向银行贷款并将贷款利息转嫁给买方，就形成了卖方信贷。卖方的资金周转速度得到提升，也可以从中获得更多的利润。反之，如果在交货前付款，并扣除预付期内的利息，则为买方信贷模式。

将买方与卖方、货物与款项分开，就是在利用资本思维解决问题。当交易突破时空的限制，就会引起远距离贸易"井喷"，从而推进经济的发展。产品思维主要是通过整合资源获得利润，而资本思维则是通过配置资源获得利润。公司只有从产品思维转换至资本思维，才能产生更大的效益。

1.2 "值钱的公司"长什么模样

想要判断一家公司是否值钱，其衡量标准不应该是现金流，而应该是经营数据。资本向公司投入资金，获得股权，公司利用资金加速发展，最终通过上市或并购的手段实现资本增值。这种公司可能在很长时间内都无法实现盈利，但市场前景广大，一旦成功占据市场份额，就会产生巨大效益。

1.2.1 就算是细分行业，也能做到前三

细分行业做到前三并非易事，行业中的领头公司往往是占有较大市场份额的公司。因此，想要成为值钱的公司，需要将目光放长远，去努力争夺广阔的市场空间。对于值钱的公司而言，现金流是次要的，只要能占据市场，获得长期稳定的现金流是一件轻而易举的事。

互联网电商正值热潮，电商品牌层出不穷，淘宝、京东、拼多多等大电商平台依托品类众多的店铺吸引用户，而蜜芽则瞄准母亲们希望找到可靠、高品质母婴用品购买渠道的需求，将自己定位为母婴类用品专营电商，从而获得成功。

2020年，蜜芽依托兔头妈妈甄选、法蔓兰、优培农场等多个自有品牌，以母婴领域为起点，全方位进行品牌扩张，内容涵盖家庭各项日常需求。随着时代发展，蜜芽没有停止前进的步伐，积极由母婴电商品牌向品牌管理公司转型，稳坐母婴类电商“头把交椅”。

全方位的发展格局固然重要，但想要切入现有市场，必须抓住一个突破口，而细分行业就可以提供这个突破口。同时，在发展战略制定阶段，各大公司都应该恪守一个原则——要么做“第一”，要么做“唯一”，绝不做“之一”。

当然，公司想要长久发展，变成“值钱”的公司，在细分行业内获得成功后，不能安于现状，而应该不断进取，扩展业务，从而获得长远发展能力。

1.2.2 所存的市场份额内有巨大的现金流动

值钱的公司在最初选择发展方向的时候，会重点关注拥有巨大现金流的市场，也就是客户心甘情愿付款的市场。值钱的公司往往具有丰富的想象力，资本也正是看好这个市场，预测其将来能创造极大的价值，进而对这个公司投资。

例如，滴滴将打车业务作为切入点，通过市场扩张得到大量的司机和乘客，然后逐渐扩大业务，快车、专车、顺风车、代驾等服务应运而生。滴滴

以用户为中心，从人们的生活出行角度出发，建立庞大的出行系统，品牌名也因为业务的不断扩张，由“滴滴打车”更换为更符合目前业务模式的“滴滴出行”。

未来，滴滴与医疗、旅游、购物等的联系也会越来越紧密，庞大的市场正等待滴滴进行深度挖掘。例如，滴滴可以与酒店、景点等合作，系统依据用户消费情况为其提供低价的接送服务。

随着科技的发展，未来市场的增长点将会越来越多。我们在选择业务时，一定要选择拥有巨大现金流的业务，这样才能保证未来公司在完成市场开拓后能够盈利，资本也会将大量资金投给公司。

1.2.3 产品的差异化与可复制性

值钱的公司通常会选择具有创新性和差异性的产品。新兴公司想要获得市场份额，有两种方法：

一种方法是生产专业技术替代产品。例如，柯达和富士在胶卷市场上打得难分难解，但最终的胜利者却是数码相机。方便快捷替代胶卷的数码相机一出现，就代表着新兴市场出现了。

另一种方法是跨行业进行多种方法的联合创新。例如，微信刚刚出现的时候，其功能和腾讯旗下的 QQ 是有大量重合的，但微信发展至今，相继融合了社交、支付、通信、营销等多方面内容，并且在各个领域都有过人之处。

除了拥有差异化产品之外，公司还要使其产品具有可复制性。传统公司依靠产品的不可复制性赚钱，但随着市场规模的扩大，不可复制的产品往往无法适应这样的发展。因此，我们需要设计可复制的产品，帮助公司实现扩张。

和府捞面成立 7 年就拥有分店 300 余家，在新冠肺炎疫情影响下仍然获得 4.5 亿元投资。在其迅速扩张的背后，是一套时刻把控的标准体系。

当用户在店内用餐时，和府捞面的后厨会通过机器精准控制出锅时间，从而保证口感一致。不只是做菜流程标准化，和府捞面的操作流程也实现了极致的标准化。餐厅中所有操作环节都有标准流程，最大限度地利用机器，减少对员工的依赖，从而保证服务人员的专业性。

公司想要获得广大的市场：一方面要追求产品的差异化，因为提供差异化产品可以提升公司被用户发现的概率；另一方面也要增强产品的可复制性，因为只有将产品标准化、流程化，才能在公司扩张中始终保证产品质量稳定性。

1.2.4 一家即使亏过钱，也还是值钱的公司

一家公司可能曾经亏过钱，但只要其稳定、有效的价值结构没有改变，那么它早晚都会实现盈利。因为从市场格局来说，在开拓初期由于存在网络效应和锁定效应，公司必须在形成自然垄断之前占据市场。通俗地说，如果公司是为了建立优势点、抢占目标市场，暂时的亏损是可以接受的。这其实是在风险可控的情况下，利用全部资金寻找利润最大化。

例如，从财报上看，多年来京东都在亏损，但这能说明京东是个不值钱的公司吗？在创立初期，京东集团将所有投资都用于建立自有物流体系。京东并非没有利润，只是公司处于扩张阶段，建立物流体系需要大量资金，利润与物流建设成本均摊之后，呈现出亏损状态。现如今，京东已经建立起自身的物流优势，当用户希望“次日达”时，京东就会是他们的首选。

实际上，“亏钱”一直是公司发展的常用战略。但并不是所有亏钱的公司都有价值。如果公司目标清晰，方向正确，并且有现金流支持其战略，那么通过“亏钱”扩大市场份额不仅是正确的，而且是必需的一个步骤。

1.3 对于资本，公司面临这些问题

资本纵容时代已经结束，资本的投后管理往往会给公司发展带来不同程度的影响。德邦物流董事长崔维星曾说过：“有效益的企业，不缺钱的企业，我建议没必要赶这个时髦。引进资金要慎重，到底需不需要，你需要的话就狠狠地要。”

那么，公司究竟应当如何看待资本呢？

1.3.1 赚钱时，需要了解资本吗？

行业不可能一成不变，如果不持续进行市场扩张，说不定什么时候竞争对手就会闻风而动，借助更大的资本占领市场。这种情况不仅会阻断公司的盈利趋势，还会使公司陷入困境。

当公司资本较少时，即使实现翻倍的效益，对资本来说也是九牛一毛。从资本角度出发，判断是否要投资一家公司，不是通过回报结果观察是否值得，而是通过预计投资风险、投资周期和回报率来考察这家公司是否值得投资。例如，某公司花费10年时间将1万元的收益扩大一倍，即使它一直在盈利，也不符合资本的投资规则。

而资本能提供的不仅是现金流的帮助，还有广阔的视野、丰富的资源和充足的经验。许多资本拥有多年的投资和管理经验，向资本求教，能够帮助公司拓宽视野，发现新的商机。

1.3.2 没有能力做老大，资本有何意义？

小范围或者细分市场的老大也蕴含着丰富的价值，只要公司的经营方向是正确的，经营过程是良性的，那么公司的运营就是有价值的。

在各式各样的茶饮品牌中，茶颜悦色（如图1-1所示）独树一帜。不同于其他茶饮品牌采取全国布局的战略，茶颜悦色初期只在长沙开店。

图1-1　茶饮品牌“茶颜悦色”

从奶茶杯到门店设计，都是古典的中国风。茶颜悦色凭借其高品质的奶茶以及漂亮的包装，和臭豆腐、口味虾一起火遍全国，成为人们去长沙旅游必须“打卡”的项目之一。2020年，茶颜悦色在中国茶饮十大品牌榜中位列第六。

虽然茶颜悦色是深耕长沙本地的茶饮品牌，但它依旧被资本看好并完成两轮融资。获得资金支持的茶颜悦色，开始尝试在长沙以外的城市开店，进而像其他奶茶店一样，向全国布局的战略进发。

大部分公司无法保证自己一定能做到全国第一，因为成为某个区域的第一已经不易。尤其在互联网发达的今天，当你能够做到地区第一，往往在全国也就有了一定的知名度，此时资本便可能会认可你并给予投资。

除了像茶颜悦色这样的地区品牌第一之外，资本也会青睐细分品牌的“领头羊”，如前文提到的母婴电商平台蜜芽。除此之外，我们也可以像外卖品牌饿了么一样，在激烈的外卖市场竞争中选择融入资本，在保证自身业务发展情况下依托阿里巴巴的资源和优势，成为外卖市场的巨头之一。

1.3.3 资本家会把公司股权“吸干”吗？

如果我们对自己公司未来的发展有信心，能够通过引入资本实现更大收益，那么资本家就无法将公司股权“吸干”，并且在确定投资关系后，资本家反而会处于弱势地位。

资本家不会完全了解公司内部的详细信息，他们只能了解公司整体的发展方向。对于公司的发展状况、行业的变化速度、团队的发展情况最了解的往往是公司的决策者，因此公司决策者拥有公司股权的优先控制权。

资本是一根杠杆，如果公司可以利用这根杠杆撬起更大的利润，资本家就无法控制公司的股权。例如，资本家用4000万元购买A公司20%的股份，如果A公司的估值增长速度超过20%，那就意味着公司处于优势地位，公司的收益大于资本的收益；如果A公司的估值增长速度小于20%，那就意味着资本家处于优势地位，公司暂时陷入亏损。但只要市场前景良好、经营方向明确，公司迟早会转亏为盈。

归根结底，公司发展速度如果可以超越资本杠杆幅度，就可以使用资本的力量帮助公司实现进一步发展。虽然我们持有的股份被资本稀释，但是通过控制售出的股份的数额，我们仍然可以维持自己的控股地位。同时，资本带来的现金流不仅可以帮助公司扩大市场，还可以进一步扩大公司规模，从而产生十倍、百倍的收益。

如果我们尚未明确公司未来发展道路，接受资本家的投资也是改变现状的一种方式。但如果盲目接受投资，也可能会由于公司业绩跟不上资本步伐，从而无法利用资本撬起更大的利润，最终失去公司控股权，沦落到被“吸干”股权的境地。

1.3.4 公司估值太低，用什么方法提高？

估值就是评估公司的价值，以便计算资本家出钱后能够换走的股份比例。对于寻求融资的公司来说，估值参考的依据主要是经营方向和财务表现。公司可以从这两方面着手，提升公司估值。

1. 经营层面

如果我们不仅能够发现某个市场的广阔前景，还具有占据该市场的能力，那么我们就更有优势去获得资本的青睐。此外，如果我们能在发展规划中展现出公司所拥有的垄断性实力，那么也有可能提高公司估值，从而吸引资本投资。

如果我们拥有其他竞争公司所没有的商业模式或核心技术，资本也可以直观地感受到我们的竞争优势。较早地发现新市场固然会节约开拓市场的时间，但拥有商业模式和超越别人的技术才能吸引更多用户，进而实现公司快速发展。

2. 财务表现

资本会对公司的财务表现进行观察。当资本看到公司的大部分资金都用于开拓市场之后，会根据项目的投资数额和预期回报率进行分析，从而决定是否加大投资力度。

但是对于早期项目，财务报表展现出来的内容非常有限。在这种情况下，优化经营层面的表现是提升公司估值的最好办法。

需要注意的是，公司估值并非越高越好。对新兴公司而言，分阶段逐步提高自身估值更具可行性。如果我们按一个偏低的估值拿到一笔投资，一年后的实际业绩超过预期，资本家会更愿意继续投资，随之公司也会获得更高的估值。

1.4 无形资本：公司的巨大有形力量

公司存在和发展所需要的资源包括知识产权、公司商标、公司人才及用户数据。这 4 种资源是公司无形的资本，也是公司的立身之本。在互联网经济时代，如果没有这些无形资本的积累和经营，公司很难实现基业长青。

1.4.1 知识产权背后的经济效益

21 世纪是知识经济的时代，知识产权战略是公司发展战略中重要的组成部分。知识产权又称知识所属权，其本质是一种无形财产权，是经过创造性劳动所得到的劳动成果。知识产权的转化能有效激发公司的科技创新积极性，从而提高公司创新能力，产生巨大的经济效益。

目前，全球智能手机市场的竞争已经达到了白热化程度，开始由市场营销竞争转向产品专利竞争。各大智能手机公司都希望通过建立专利壁垒形成自己的优势，华为在这方面做得尤其突出。

众所周知，在智能手机市场，苹果独占鳌头，市场份额大大领先。相关数据显示，近几年华为的发货量较之前有极大增长，占据最大份额的中国市场，其在全球市场份额也曾反超苹果，可以说华为正在持续占领由苹果主导的高端手机市场。

华为的成功，特别是对高端市场的突破，更与其多年在智能手机技术专利当中的持续投资紧密相关。相关资料表明，早前，苹果和华为达成授权协议，由苹果向华为支付专利技术使用费。华为的知识产权为其带来巨大的收益，同时也建立起坚固的技术壁垒。

知识产权是公司发展的核心，它不仅可以保持公司的技术领先，还可以保证公司稳步向前，从而实现更大的商业价值。只有重视知识产权的经营，公司才能通过知识产权获益。

1.4.2 商标是公司的宝藏

世界知识产权组织将商标定义为：将某商品或服务标明是某具体个人或企业所生产或提供的商品或服务的显著标志。许多创业者没有认识到商标真正的价值，只是简单地将其理解为品牌创建。实际上，商标不仅是用来区分品牌的标记，更是公司无形的宝藏。

首先，注册商标需要耗费大量的时间和精力，商标转让的价格也十分高昂。确定商标的名称和图标本身就不是一件容易的事情，在这之后，还要经过查询、注册申请、审核、注册公告等一系列手续。在一切顺利的情况下，想要拿到商标注册证书至少也要一年的时间。当创业者迫切需要使用商标，其注册进程却迟迟没有推进时，不少人愿意承担高昂的商标转让费。

其次，商标是公司的无形资产，优质商标的升值空间很大，升值速度也很快。例如，某家公司曾在全球范围内注册“IPAD”商标，10年后，苹果公司发布新品iPad，该商标的价值迅速飙升。苹果公司曾向商标局申请撤销该商标，在经历多次开庭审理与协商讨论后，最终苹果公司向该公司支付6000万美元，用以购买“IPAD”商标。

最后，优质的商标本身就是免费的宣传，拥有极强的溢价能力。许多公司不惜花费数百万元甚至上千万元广告费进行产品推广，其实拥有一个优质的商标抑或便能省去这些费用，直接抢占用户心智。用户很少追究那些知名品牌的厂房在哪里，由怎样的工厂加工，品牌方只需要对商标进行品牌化运作，就可以提升其价值。在经历持续的运作和管理后，肯德基成为一家国际知名的快餐公司，如今，收取加盟及管理费用已经成为其主要的盈利方式。

除此之外，我们还可以通过入股商标权、商标买卖、证券化等方式实现盈利。在经过合理的布局和有效的管理后，商标也可以成为公司盈利的重要途径。

1.4.3 重视人才引进与培养

对于人才，每个公司都有着强烈的需求，而如今，公司要想吸引和留住更多的人才，就必须在源头把好关。招聘之前，首先要了解岗位、明确招聘目的，通过查看岗位资料、与相关部门沟通交流、研究公司发展文化等方式，对岗位和招聘目的有所了解以后，还需要据此汇总用人需求。

作为人才培养的一项基础性工作，培训越来越受到公司的重视。不过，很多公司的培训缺乏科学性和系统性。要想解决这一问题，必须制订完善的培训计划，具体可以从以下几个方面着手。

1. 合理安排培训时间

如今，大多数员工都会追求工作与生活的平衡，所以合理安排培训时间很有必要。一般来讲，培训时间可以借由以下 3 种方法来安排：

（1）安排在指定时间内，员工暂时脱离岗位进行全职进修培训。

（2）工作和娱乐相结合，即让员工在接受培训的同时实施一些游戏项目，从而提高培训的质量和效率。

（3）利用工作以外的时间对员工进行培训，但需要保证员工心态的平衡。

2. 选择培训主体

培训主体就是参与培训的员工。由于员工担任的职位不同，培训的设计方向也要不同。例如，在对基层员工、管理层员工、决策层员工进行培训的时候，就应该按照不同的层级设置不同的培训目标。

3. 设置培训内容

培训内容主要建立在培训需求分析基础上，应针对不同的岗位与层级，设计不同的培训内容。按照培训内容，可以将培训分为入门型培训、适应型培训、提高型培训。对于刚进入公司的员工，应该以入门型培训、适应型培训为主；而后面为了进一步提升老员工能力，则需要开展提高型培训。

4. 选择培训方法

如今，培训的方法越来越多样化，讲授法、场景还原法、线上培训法等都是不错的选择。为保证培训效果，公司应该结合培训的目的、内容、资源等多种因素来选择培训方法。

在实施培训计划的时候，需要立足当下，遵循务实高效的原则。还需要根据公司改革和发展的方向，分层级、分类别、分岗位开展培训，增强培训的针对性，确保培训的效果。

1.4.4 科技时代，数据特别值钱

近些年来，许多互联网技术都实现了商业化用途，制造业发展的差异也由各类高新技术抹平，但用户之间的差异无法被弥补，个人数据的价值逐步显现。

每个人的一举一动都会产生数据。保险公司可以对某位司机各类数据进行分析，如其个人行驶里程、驾驶稳定系数、刹车油门踩动情况等，从而得知该司机的驾驶习惯及未来驾驶风险，据此制定差异化的车险保费标准。这些数据具有稀缺性和差异性，掌握数据较多的公司，就能更好地实现差异化服务，从而在商业竞争中胜出。

在电商巨头亚马逊开始针对消费者的个性化推荐后，许多公司纷纷效仿，个性化推荐功能逐渐出现在新闻、书籍、音乐以及社交等各种产品和服务当中。例如，网易云音乐以精准的每日推荐闻名；淘宝的商品推荐个性化十足；今日头条主打根据读者偏好推荐资讯。

在大数据时代，一家能够有效整合数据的公司，拥有更强的经营和发展优势。如何对产品数据、用户数据进行整合、挖掘、分析，已经成为公司进行战略布局时的重要课题。我们可以从以下几方面着手，对用户数据进行分析整合。

1. 有目的地收集数据

有目的地收集数据，可以确保数据分析结果有较强的针对性与实操性。例如，对于某销售公司而言，数据分析的目的主要是为用户提供个性化服务，其中还可以针对初次消费用户推荐产品，针对回购用户进行跟单优化。

2. 建立用户画像

收集好用户基础数据后，需要把数据进行整合，用描述性文字创建用户画像。我们需要将全部相似属性列出，并进行筛选与去重，将其中与公司产品契合的用户属性重点标记，并用可视化的形式展现。同时需要注意，用户画像需要具有一定的灵活性，方便在后续过程中根据用户动态行为进行修正。

3. 验证用户画像

首次整理出的用户画像存在数据偏差，还需要进行修正，即根据用户的行为偏好进行调整，每次的修正过程都是对建立过程的反复。

我们可以通过定向内容评估法来进行验证。即在建立初步的用户画像后，针对特定群体进行相关产品的推送，而最终产品的购买率或复购率能够清晰地表明我们的用户画像是否合理。这样，我们也可以给用户提供更加精准、优质的服务。

未来商业的竞争恐怕是用户数据的竞争。我们只有精确掌握用户数据，并根据数据的整合结果把控服务流程，实现公司业务的整体优化，才能占据市场竞争中的优势地位。

第2章

资本规划：解决资本的进出问题

目前，多层次的股权市场初步形成，债券市场、期货市场也正处于飞速发展阶段，资本市场的覆盖面进一步扩大。如何抓住发展机遇，做好资本运作规划，已经成为创业者面临的新课题。

在对公司的资本运作模式进行跟踪研究后，我们将资本规划的误区、规则及方式进行归纳，以助力创业者正确进行资本规划。

2.1 资本规划的四大误区

资本规划是公司战略管理的一部分，每一个细小的失误都可能对公司造成致命的影响。在进行资本规划时，战略选择固然重要，但更值得重视的是管理层是否出现观念的偏差。只有管理层不陷入观念误区，才能进行合理的资本规划，后续的资本运作才能更符合外部环境需要。以下是资本规划中常见的四大误区。

2.1.1 资本规划绝对不是“空手道”

人们往往把资本规划简单理解为投资理财。在资本实际运作过程中，一般不会出现产品或实体，人们自然会将资本视为“空手道”，将资本规划过程视为“空手套白狼”。

实际上，资本规划是一种智力活动，其收益取决于投资人的观念、策划和运作方式。其本质是一种战略计划，是一种非常规活动，也是公司内外环境协调配合的结果。

在进行资本规划的过程中，管理层需要重视公司内外环境的形势，积极、主动地进行调整，从而形成公司内外环境协调配合的局面。我们能做的就是充分认识公司的内部成分，积极做出调整，使其适应外部环境。

根据美国著名管理专家伯格·沃纳菲尔特的“资源基础论”，公司的资源通常可以分为核心资源与非核心资源。其中核心资源主要是指那些能够推动公司正常运转的相对重要的资源，这种资源可以是公司自有，也可以通过共享、购买等方式或者从合作伙伴处获得。

在资源利用层面，可以将资本规划视为在识别核心资源基础上，发挥非核心资源的辅助作用，最终实现资源最优化组合的过程。因此在进行资源分析时，首先要明确公司的现有资源。

不同行业、不同商业模式所需要的资源也不相同，但是如果要明确现有的资源，绝大多数公司还是会从以下 3 类着手，如图 2-1 所示。

图 2-1　现有的资源

技术资源：主要是指具备商业价值的科技成果，例如华为的 5G、苹果的 IOS 系统、今日头条的智能推荐等。对于各大公司来说，只要拥有这种资源，就相当于拥有了立身之本。

管理资源：可理解为管理者资源。管理者的自身素质会对员工和公司的成长产生巨大影响。如果公司的管理者具备创意、事业心、机遇把握能力、风险识别技巧等，那公司更有可能获得良好发展。

人力资源：公司发展的基础和推动力。高素质人才的获取和开发是公司实现可持续发展的关键。

技术资源、管理资源、人力资源都是公司的核心资源，都可以成为公司的核心竞争力，公司要以这些核心资源为基础进行资本规划。

2.1.2　资本规划≠公司多元化

如今，多元化已经不再是一个新概念。在谈及资本规划时，许多公司都会强调公司计划实行多元化战略。许多创业者相信，公司多元化是一种完善的战略模式，它可以帮助公司分散风险、增加盈利、扩大业务、提高资本使用率及资本规划的成功率。

多元化带来的好处确实不少，然而，在实行多元化战略后，许多公司的盈利水平不仅没有得到提升，反而出现大幅倒退。尽管创业者对公司的产品、人事、结构、市场等方面都进行了整合，但资源短缺、投资膨胀等问题日益明显，经济效益也随业务扩大而递减。

实践证明，想要成功地推进多元化战略，必须审视以下几个问题。

1. 公司本身的优势

认清公司在技术、销售、经营、管理等方面的优势，更有益于对公司未来的发展方向进行规划。我们可以对照扩展计划，明确公司当前路线、发展趋势、目标阶段，这也是资本规划的主旨所在。

2. 协同增益问题

协同增益即公司在将新旧业务进行整合后，两项业务可以协同产生更大的效益。对于这个问题，我们可以利用缺口填补的方法进行判断。这也意味着，新业务需要有效填补产品线、销售、市场、竞争、管理和人才等缺口中的至少一项。

3. 留意是否扩张过度

在资本运作中，极速扩张和过度扩张都会导致公司“消化不良”，从而陷入资产膨胀的误区。实际上，公司资产的膨胀并不意味着公司规模即将扩大、经营业绩即将提升，或者公司的经济实力得到增强。相反，在出现资产膨胀现象后，公司往往会进入经济增长停滞期。

4. 适当的监控管理

在公司因多元化战略出现经营问题后，我们可以通过改善运行制度进行缓解。因此在日常经营中，应加强公司董事会、监事会的责任。此外，还可以引入会计师事务所等独立机构对公司进行全方位监管，避免因实行多元化战略而陷入经营困境。

2.1.3 经济规模PK规模经济

规模经济的本质是在公司达到一定规模后，产生“1+1>2”的效应，从而带来更高的经济效益。但这种经济现象与公司的实际规模无关，如果一家公司的收益随成本降低而递增，就可以说这家公司形成了规模经济。

经济规模即公司经济的总量，与成本、收益并无联系。经济规模的扩大可能由于公司形成规模经济，也可能与规模经济无关。

创业者在进行资本规划时，经常会混淆经济规模与规模经济这两个概念。例如，认为几个独立的公司联合后，就可以形成规模经济；把“规模”绝对化，将公司规模的扩大视为规模经济初步形成，或者认为规模的扩大势必可以带动规模经济的形成；将规模经济视为大公司所特有。

生产规模扩大的目标是提升效率和效益，而不是形成规模经济本身。公司的规模也不是越大越好，公司在进行资本规划时，不能舍本逐末。在公司达到一定规模后，持续进行规模扩张并不会使成本持续降低，反而可能会因为成本回升而导致出现规模不经济的情况。

创业者经常会认为，在公司规模扩大或市场占比提升后，盈利问题就可以迎刃而解。但实际上，扩大规模并不是万能的。某咖啡品牌的经营范围覆盖全国，累计开设六七百家分店，在这种情况下还是申请了破产保护，足可以证明这一点。

过分追求多元化经营也是盲目扩张的一种表现，同样容易造成决策失误。在进行资本规划时，盲目兼并与收购通常会使公司分支机构增加，形成各不相干的“多元化”经营模式。管理链条被加长，管理难度也随之加大，在这种情况下，公司管理层的决策很可能会增加公司支柱产业的负担。

2.1.4 被理解错的“低成本扩张”

低成本扩张其实是一种并购策略，即在少付并购成本的情况下，获得目标公司的控制权，从而实现经营规模扩大的发展战略。

资本规划经常被误认为公司实现“低成本扩张”的一种战略形式。有人认为，公司管理层可以通过资本规划实现资产调整，进而实现低成本扩张。但实际上，是否应该实行低成本扩张战略与公司总资产无关，而取决于公司是否存在资源优势。创业者在进行低成本扩张时要注意以下几个问题。

1. 较低的交易费用

公司的扩张势必会引发生产力的同步扩张，同时也会导致内部成本费用上升。在并购过程中，我们要充分考虑短期的直接成本和长期的间接成本。应当通过综合估算各项成本的方式，谋取最低的交易费用。

2. 实现成本统一

如果我们为实现低成本扩张，而将原有成本转移到其他公司或用户身上，那么这种扩张方式无疑是无效的。我们需要实现成本的统一，不能将成本转移给被并购的公司、金融机构或者用户。

3. 加强公司管理

低成本扩张的本质是扩大再生产。在公司规模扩大的同时，由于新技术、新成员的加入，公司的运作效率会得到提高。此时，公司的管理一定要紧紧跟上，否则这些突然增加的架构极有可能拖累甚至拖垮公司。

许多农村乡镇企业选择通过低成本扩张实现进一步盈利，某羊毛衫厂就依靠这一战略实现了优势互补。该厂利用自身信誉和出口优势，将32家已停产及半停产的公司进行并购与整合，最终盘活2.3亿元资产，解决了3000多名员工的再就业问题。在这之后，该厂的科技创新能力得到极大增强，开发出50多件新产品，市场竞争力得到显著提升。

2.2 做资本规划，得遵循规则

在进行资本规划的过程中，创业者不仅要避免陷入观念误区，还得遵循相应的规则。将公司的普遍特点与资本规划的策略制定、模式选择、方案实施相结合后，我们就可以得到需要创业者重点关注的规则。

2.2.1 与公司核心能力有机结合

在进行资本规划的过程中，管理层需要将公司未来发展与公司核心能力进行有机结合，从而提升公司的核心竞争力，更好地发挥资本规划的作用。

公司的核心能力可以通过目标定位来确定，也可以通过对公司现有资源的分析与整合来确定。做好资源的识别与分析，可以确定公司的优势和劣势，精准判断公司的核心能力，具体可以从以下三个方面进行。

1. 资源的单项识别与分析

从对象的角度来看，资源可分为实物资源、人力资源、财务资源、无形资产等，通常以无形资产为重点。对这些资源进行辨识、确认是判断公司战略能力的基础。通过资源的单项识别与分析，我们可以确认“公司有什么”。

2. 资源的均衡识别与分析

根据协同理论，合理配置资源可以帮助公司提升战略能力。进行资源的均衡识别与评价，应该从产品组合、员工能力特性等多个方面入手，这样可以提升结果的准确性和科学性。通过资源的均衡识别与分析，我们可以确认“公司没有，但能整合什么”。

3. 资源的区域识别与分析

一般情况下，公司对区域资源需要有相当的控制力，因为区域内能有效合作的供应商、分销商、客户之间的价值链常常是公司战略能力的基石。如果公司的价值活动能够在区域方面形成资源优势，就可以使竞争力得以提升。通过资源的区域识别与分析，我们可以确定“资源最终在哪里落地”。

通过对公司资源的分析与整合，我们可以有效确定公司的核心能力。在这之后，我们就可以更有针对性地进行资本规划，更好地发挥公司的竞争优势。

2.2.2 综合考量经济实力和品牌优势

在某种程度上，品牌与资本可以相互转换，因此我们更应该高度重视它们与资本规划的关系。在进行资本规划的过程中，我们应当综合考量公司的经济实力和品牌的竞争优势，将每一笔资金落到实处，从而实现效益的最大化。

麦当劳是一个海外引进品牌，一家国际快餐巨头公司，其经济实力与品牌优势毋庸置疑。在此基础上，麦当劳从地理、人口、心理等维度着手，瞄准目标群体的需求特征，对自身产品进行资本规划并由此一举成名，这是一则成功的资本规划案例。

不同的地区有不同的文化背景和饮食习惯，麦当劳结合地理因素，每期新品都会根据不同地区的用户偏好来设置，这些产品更符合当地人口味，因而得到当地用户的广泛好评，进一步加强了其品牌优势。

快餐市场通常根据生活方式分为方便型和休闲型两种。针对方便型快餐市场，麦当劳开创“59 秒快速服务”，即从开始点餐到拿到食品离开柜台的时间不超过 1 分钟；针对休闲型快餐市场，麦当劳不惜花费重金布置和装修餐厅，力求为用户提供最舒适的用餐环境。

不仅如此，麦当劳还根据消费者年龄、性别、收入、职业、受教育水平等要素对市场进行进一步细分，将20岁以下群体界定为少年市场。麦当劳将少年市场视为核心用户群的同时，还将其中的小朋友作为主要目标用户，着重培养他们的消费忠诚度。例如，设置儿童套餐，随餐附赠玩具；给小朋友发放印有麦当劳标志的气球、折纸等小礼物。

无独有偶，在打造安全、舒适的办公环境方面，谷歌几乎成为全球商界的典范。

从来不吝惜资金建设及优化办公场所，为员工设置舒适的工作环境的谷歌，不仅斥资3.19亿美元购买建设总部的土地，还对总部进行了大规模扩建，其办公楼采用人性化装修方式，每一位新员工都可以获得100美元用来装饰自己的办公室。

谷歌扩增的速度与其自由且人性化的工作环境有很大关系。自由的办公模式和畅所欲言的环境不仅提高了员工的工作效率，还激发了他们的创意。而且一旦有新的创意产生，员工之间就会迅速交流并投入实际应用，每个团队成员都能够清楚其他成员的工作进度并同步工作流程。

通过这两个案例我们不难看出，充分考量公司经济实力和品牌优势，可以发挥出资本规划的最大价值，进一步提升公司的经济效益。

2.2.3 切勿越过法律红线

法律隐患是一个老生常谈的话题。在进行资本规划时，我们一定要严格遵守法律划定的红线，越过法律红线而实现盈利的公司势必会受到法律的严惩。公司中可能存在的法律隐患主要发生在以下场景中。

1. 签订及履行协议时

公司在经营过程中最常见也是最基本的法律文本就是协议。在签订及履行协议时产生的法律纠纷就是协议方面的隐患。例如，签订协议的主体之间的纠纷，协议内容不准确、不完善产生的纠纷，在履行协议过程中导致的纠纷等。

2. 公司成立或解散时

如果公司成立时存在如资本抽逃等不合法规的现象，会严重影响后面的顺利经营，为公司发展埋下法律隐患。在公司正式成立后，其经营过程中也会发生内部纠纷，从而影响公司收益，严重者会导致公司破产清算。

李某和张某计划注册一家服饰公司。为达到公司登记所要求的注册资本，李某和张某分别向某镇财政所、市农行某办事处借贷资金180万元、100万元，并于一周后通过验资。该服饰公司获准登记注册3天后，二人先后抽逃资金180万元和100万元，归还镇财政所和市农行办事处。至案发时止，李某和张某的服饰公司资产总额不足2.5万元，负债却超过10万元。

李某和张某违反了《公司法》第三十四条“股东在公司登记后，不得抽回出资”的规定。按照《公司法》第二百零九条和《公司登记管理条例》第六十一条规定“公司的发起人、股东在公司成立后，抽逃其出资的，责令改正，处以所抽逃出资金额百分之五以上百分之十以下的罚款。构成犯罪的，依法追究刑事责任”，工商部门依法对李某和张某进行了相应的处罚。

3. 公司内部

新公司法中增添了许多新兴类型的纠纷，例如股东、董事会间的股权问题，公司对股东或经营管理人员提起诉讼的问题等等。近几年，公司内部纠纷愈演愈烈，俨然成为公司法律隐患方面的重点。

4. 公司改制、兼并及投（融）资时

企业改制中发生频率最高的一类纠纷是参与改制双方在企业改制过程中对改制问题意见不统一产生的纠纷。还有一种情况是在企业改制过程中产生的民事纠纷，简单来讲就是一般民商事案件中的一方当事人发生了改制行为，涉及改制企业改制前的债权或者债务究竟由谁来主张或者由谁来承担的问题。此外，企业在对外投资、融资过程中也会产生纠纷，这些都是企业法律风险的重要组成部分。

5. 收取税务时

一些缺乏完善管理制度、未被强力监管的公司，会在账目上做手脚，妄图偷税漏税，这种危险的做法一经发现，公司就会面临法律的制裁。

上述隐患或多或少会对公司的经营、发展产生影响，因此我们需要加强法律意识，在进行资本规划时积极采取措施，努力将这些隐患扼杀在萌芽之时。

不触碰法律红线是每个创业者都应该坚守的底线，只有坚守这个底线，

公司才能借助资本的力量发展壮大，市场的生态环境才会在多方的共同坚守下变得越来越好。

2.3 玩转资本：在资本助力下成长

资本是把“双刃剑”，合理运作可以为公司锦上添花，决策失误也会使公司发展雪上加霜。我们在获得资金前，应该充分认识自身与投资者的意识差异，为公司争取更多的资金支持。在进行资本规划时，不仅要努力进行供给侧与去杠杆改革，优化自身产业结构，还要积极进行生态链并购，组建战略同盟。在充分了解行业形势及未来发展趋势后，要合理规划，让资本成为公司成长的强大助力。

2.3.1 投资者与企业家的意识差异

投资公司和建立公司有很大的相关性，但在面对同一家创业公司时，由于投资人和企业家的思考模式截然不同，通常会产生以下几种意识差异。

第一，对市场的预估不同。投资人的预估结果往往更客观，他们通常会根据经验及实践进行判断，由此得到的结果也更准确。企业家的预估结果往往会更乐观，他们更愿意信任自身判断及公司产品，因此也经常会高估市场的包容力。

第二，对公司优势的认知不同。同理，企业家会高估公司的竞争优势。在公司研发出一项新技术时，他们会乐观地认为可以由此形成技术壁垒。但实际上，如今科技日益发达，同类公司不会存在过于明显的技术差距。互联网公司的技术更新周期通常为半年，也就是说，一项新技术很有可能只能帮助公司保持半年的优势。

第三，对公司状况的判断不同。企业家通常会根据公司从开创至今所积累的成绩判断公司的经营状况。但投资人不会由于公司目前经营状况良好而选择去投资，他们通常会预测该公司今后 3 ～ 5 年的发展情况，更关心该公司是否具备应对未来风险的能力。

那些眼光相对长远的企业家与投资人的思考方式也是有差异的，他们通常会绘制指数增长曲线，展示公司在未来几年的发展蓝图。投资人并不会轻信公司会有如此光明的前景，他们更关注公司是否具有核心竞争力，能否在激烈的市场竞争中存活下来。

第四，团队构建要求不同。企业家在构建团队时，更看重彼此间的共识，他们认为背景相当、志趣相投的人更适合共同创业。但实际上，如果团队成员的教育背景过于相似，就很容易形成定式思维，这样并不利于公司未来的发展。投资人同样看重团队的互补性。

事实上，投资人与银行相同，他们更愿意为公司锦上添花，而非雪中送炭。而企业家则更为理想化，他们希望将自己的公司做大做强，因此会更为保守。

2.3.2 供给侧改革与去杠杆改革

供给侧改革是通过供给质量的提高，推进经济结构的调整，从而实现生产要素的最优化配置和经济的快速增长，通常以去产能、去库存、去杠杆、降成本、补短板等方式实现。其中，去杠杆改革是实现供给侧改革的重要途径。

杠杆即用少量资本撬动大量资本，在某种意义上可以被认为是一种负债。例如，某公司决定进行商铺投资，并有两种投资方案：方案一，全额购买，这样只能购入少量商铺，但商铺升值后可获得全部收益；方案二，贷款购买，这样可以购入大量商铺，但需要偿还利息。

若每家商铺售价 200 万元，一年后价值提升 20%，利息率为 8%。方案一用 200 万元全款购入 1 家商铺，即可获得 40 万元收益；方案二用 200 万元本金加 600 万元贷款购入 4 家商铺，可获得 112 万元的收益。当然，高收益的同时也带来更高的风险：如果商铺贬值，那么该公司也会因此负债。

每一家公司都应该了解运用金融杠杆的两个原则，合理控制杠杆。

第一个原则是明确资金的使用路径。切忌将资金用于灰色产业，这样即使获得了收益，迟早也会受到法律的严惩；而如果将资金用于生产研发以及生产要素的购置，那么在产品正式投入销售后至少可以保持收支平衡。

第二个原则是维持稳定的现金流。从资金借贷到获得收益，一般都会有很长的过渡期，要保证公司的现金流始终符合还款要求。近几年许多公司在此期出现现金流断裂，严重者被迫破产清算。金融杠杆的本质就是通过时间与信息差获得收益，我们也因此需要维持稳定的现金流。

但在实际操作中，很可能出现失误，导致公司资金周转困难，因此必须掌握一些去杠杆的措施。传统去杠杆方法十分简单，即直接进行破产清算。在失去资产和负债后，杠杆也就随之消失。但这种方法过于野蛮，并不适应现代社会。如今，常用的去杠杆措施主要有以下几种。

1. 偿还债务

这是最直接的去杠杆方式。由于借贷导致杠杆过高，那么最有效的方法就是偿还债务。但在实际操作中，进行杠杆运作是因为资金不充裕，那么只能通过变卖资产的方式偿还债务，可行性不强。此外，如果有多家公司同时决定采用这种去杠杆方式，那么这些资产的市值也会相应降低，从而破坏市场经济现状。

2. 通货膨胀

债务会随通货膨胀而贬值，若某公司借贷 100 万元，同年通货膨胀率为 50%，则次年应还债务相当于 50 万元。2 ～ 3 年后，该公司的债务越来越少。其本质是利用杠杆率替换经济泡沫，存在杠杆增加的风险。同时，通货膨胀是一种不可控制的经济现象，我们只能顺势利用。

3. 杠杆转移

即将杠杆在公司与公司之间、公司与用户之间进行转移，将风险嫁接给对方。但这种方式只能暂时缓解某家公司的经济压力，从宏观角度看，可能会增加总体负债率，进一步累加风险。

由此我们可以得知，去杠杆并不存在万全之策。在进行杠杆运作前，一定要充分考量是否能够承担风险；在去杠杆时，也要提前预防债务集中爆发的情况发生，正确处理去杠杆与经济增长的关系。

2.3.3 生态链并购：组建战略同盟

并购重组是一种常见的资本运作手段。合并后的公司会产生规模效应，不仅能够提高生产效率、降低生产成本，还可以打通生态链，实现转型升级。

通常情况下，公司进行并购重组主要有以下几个目标。

第一，扩大公司规模，降低生产成本。经过并购重组后，公司的规模会显著扩大，如果管理层可以充分整合公司资源，便能有效降低各个生产环节的成本，在形成规模效应后，进一步形成规模经济。

第二，提高市场占比，提升行业地位。随着公司生产效率的提升、管理系统的完善，其市场占比和行业地位都会得到显著提升，甚至有机会成为行业巨头，比如滴滴与快滴、美团与大众点评在合并重组后各自成为其行业的龙头企业。

第三，实现发展战略，整合行业资源。经历并购重组的公司不仅能得到其他公司的资产，还可以得到其他公司的生产技术、技术人才、管理经验、经营模式等各类资源。这些行业资源会成为提升公司竞争力、实现公司发展战略的重要助力。

第四，实施多元化战略，进行转型升级。由于行业内部竞争不断加剧，许多公司都在尝试混合并购，即通过收购跨入新的行业。这种并购模式不仅能扩大公司的经营范围和盈利空间，还能有效分散原行业的风险。

基于以上目标，生态链并购模式应运而生。该模式是将服务于相同用户群体的公司进行重组，实现资源共享，从而打通生态链，实现共同发展。生态链并购要求至少存在一家核心公司，由核心公司将用户引入生态链系统中，从而实现盈利。这种模式可以同时满足以上 4 种并购目标，被广泛应用于 TMT 行业中。

例如，小米一直致力于市场布局，和那些与自身用户一致性高的公司保持友好合作关系。小米以自身作为孵化器，将紫米、华米、云米等多家公司半开放式整合，组建战略同盟，最终形成小米生态链。根据官方发布的年度业绩，在进行生态链并购后，紫米公司利润同比增长 43%，小米集团 2020 年总收入达 2459 亿元，同比增长 19.4%。

目前，生态链并购已经成为最重要的资本运作方式之一。我们也需要在合适的时机打通行业生态链，组建战略同盟，从而实现公司发展的战略目标。

第3章

资本战略：定好方向，严格执行

资本战略，即在综合分析公司内外部环境的基础上，对公司未来发展方向做出谋划，实现公司总体目标。资本战略决定了一段时间内公司资源的分配情况及公司的发展方向。

财务战略是资本战略的重要部分，即针对公司财务活动设置的战略规划，包括现金流的最佳使用形式、战略优化措施、中长期资本战略的设置等，其中的每一个环节均需要我们制定最佳的资金使用方案，实现投入产出比的最大化。

3.1 最佳现金流激发公司活力

现金流是公司在经营期间现金流动情况的总称，也是公司可以直接支配的自由资金。这些流动中的资金是公司利益的直接创造者，可以为公司带来源源不断的价值。如果现金流断裂，这种良性循环也会随之终止。所以我们需要维持稳定的现金流，让这些流动中的资金充分激发公司活力。

3.1.1 可以随时支配的货币更有价值

一家尚未实现盈利但具有强大现金流的公司，依旧可以维持经营；一家盈利能力极强但现金流断裂的公司，不日便可能宣布破产。现金流对于公司发展而言至关重要，许多公司的盈利能力很强，但因为应对意外事件的流动资金不足，最终被迫选择破产。

流水不腐，户枢不蠹。流动能带来旺盛的活力，资金也是如此，可以随时支配的资金拥有更大的价值。关于现金流有这样一则故事：

一位富翁十分珍爱自己的财富，他将一大袋黄金埋在石头下，每隔几天都会来看一看、摸一摸。

有一天，一个小偷尾随富翁来到埋黄金的地方，在富翁离开后就把这袋黄金偷走了。

富翁发觉黄金被偷，伤心欲绝。正巧一位长者途经此地，了解事情缘由后，他告诉富翁可以找回黄金。而后，这位长者拿起金色油漆，将这块大石头涂上颜色，在上面写下“一千两黄金”的字样。书写完毕后，长者告诉富翁，从今天起，你又可以来这里看你的黄金，并且不用担心你的黄金被偷走了。

这位长者一语道破现金流的本质：如果我们不加以利用，黄金与石头并无区别。

在公司经营过程中，固定资产价值回收较慢、维护费用较高，导致公司收益直线下降。在遇到金融危机时，固定资产也更容易出现大幅贬值。

资金只有在流动中才能产生价值，这里的“流动”其实就是指交易、投资等经济活动。让公司的资金流动起来，实际上就是要把资金投入高价值的领域，让它产生更大的价值。

3.1.2 如何让债务低于现金流

在经营过程中，公司难免会申请借贷，因为要求使用现金支付的债务占比较大，所以我们需要时刻关注公司的现金流情况，设置现金余额预警、预测项目现金流、调节付款的账期都可以帮助我们更好地平衡债务与现金流的关系。

假若公司背负的债务过多，债务金额远高于现金流，极有可能导致现金流断裂，公司破产。面对这种情况，我们需要进行债务管理，将各类债务进行整合，减轻债务压力，让债务低于现金流。

债务整合就是将不同利率、期限、额度的债务整合到一笔债务中。进行债务整合不仅可以减轻债务管理负担，还可以有效降低还债利息，缩短还债期限，提高可支配收入，从多方面减轻债务压力。

以降低还债利息为目的的债务整合，需要我们引入一笔利率较低、期限较长的新债务。

陈女士为扩大公司生产规模，申请了多笔高息贷款。随着应还利息越来越高，购入的原材料与机器设备尚未投入生产，公司现有资金不足以偿还债务，陈女士十分担心自己的公司会因此破产。

在这种情况下，陈女士进行债务整合的首要目的是降低利率，她需要引入一笔利率较低、期限较长、允许还款额较低的债务，并利用这笔资金一次性偿还所有高息贷款，再慢慢偿还这笔债务。

以缩短还债期限为目的的债务整合，需要我们优先偿还价值最高或余额最小的债务，再引入一笔期限较短的债务。

张先生的公司主营商铺投资，经营情况良好，几乎没有还款压力，但张先生希望能够尽早还清贷款。在这种情况下，张先生可以优先还清其中价值最高的商铺名下的贷款，用这套商铺进行抵押贷款，还清其他贷款。这样张先生就成功地将债务整合到一笔期限较短的抵押贷款中，缩短了还债期限。

此外，张先生也可以选择首先还清余额最低的债务，再将多套商铺联合抵押，或者直接申请缩短按揭年限。当然，如果张先生的资金充裕，也可以通过短期借贷等方式缩短还债期限。

在偿还债务的过程中，我们要根据公司的现有资金、经营状况、发展方向等进行动态筹划。债务整合的目的是偿还债务而非二次借贷，如果没有科学规划，我们很有可能会面临极大的债务风险。负债是把“双刃剑”，在成功使负债额度低于现金流后，我们还要调整好公司的发展方向，防止债务再度上升。

3.1.3 项目的现金流预测

一家优质的公司需要正向现金流，即项目收入大于项目支出。因此我们需要对项目进行现金流预测，并将预测结果作为项目可行性的重要考核指标。

例如，某项目运行初期需要投入 100 万元购买相关设备，在运行的 10 年间，每年的净利润为 10 万元，此时将设备转卖可获得 50 万元。看上去在项目落地的 10 年后，我们便可以盈利 50 万元，但在对该项目进行收益分析后，我们就会发现这个项目并不值得投资。在不考虑经营风险的情况下，该项目的现金流在折现后肯定会低于 50 万元，收益率只有 5%，与购买国债的收益相似，但风险更高。

进行现金流预测不仅可以判断项目的盈利情况，还可以帮助我们提前发现财务危机，及时采取措施消除不良影响。进行现金流预测不只是财务人员的工作，我们也可以设置简单的现金流预测表，对项目甚至整个公司的运作进行预测与记录。

初次设计现金流预测表可能会花费一两个小时的时间，在设置完成后，我们仅需要每周或每月记录项目的实际运作情况，检验预测结果是否准确，并进行下一个周期的预测。值得注意的是，现金流预测表的主要作用在于预测，而非记录。如果我们仅用它来记录项目的资金流动情况，这个表格就失去了它最大的价值。

我们可以使用特定的现金流预测表模板，或自己设计一份简单的现金流预测表。一份基本的现金流预测表需要包括以下内容，如图 3-1 所示。

现金流预测表（简版）

	2月		3月		4月		5月		6月		7月		8月		9月		10月		11月		12月	
	预测	实际	预测	实际	预测	实际	预测	实际	预测	实际	预测	实际	预测	实际	预测	实际	预测	实际	预测	实际	预测	实际
收入																						
项目1																						
项目2																						
项目3																						
项目4																						
项目5																						
合计																						
支出																						
项目 1																						
项目 2																						
项目 3																						
项目 4																						
项目 5																						
合计																						
收入-支出																						
银行期初结余																						
银行期末结余																						

图 3-1　现金流预测表的基本内容

通常情况下，现金流预测表需要包括项目收入和项目支出两大板块，同时还应该分别记录各个时期的预测值和实际值，并进行对比分析，这样我们后面的预测也会越来越准确。

现金流量预测表能够将公司营收情况直观地展现出来，帮助我们全方位检视公司的经营状况。当公司遇到重大财务事件，如主要供应商要求提前付款，或主要用户申请延迟付款等，我们都可以清晰地了解这些事件会对公司的资金状况产生怎样的影响，从而采取相应的应对措施。

在进行现金流量预测时，除了充分考虑项目时长、市场前景、潜在风险等因素外，以下几点也需要我们重点关注。

1. 区分相关成本与非相关成本

相关成本与项目运行直接相关，必须在分析评价中得到体现；非相关成本则不会直接对项目运行产生影响，往往为项目的过去成本、沉没成本等。在对同一个项目进行二次预测时，那些曾经被计算的费用就是非相关成本。如果我们将这些非相关成本也计入总成本，项目的盈利能力就会被低估，我们也会因此做出错误的决策。

2. 不要忽视机会成本

机会成本与传统意义上的成本不同，它并不是一种支出，而是我们需要放弃的潜在收益。在进行现金流预测时，我们需要充分考虑机会成本，选择能产生最大效益的项目。

3. 充分考虑对其他项目和公司资金的影响

营运资金会在项目投入运行后自发产生，如随着产品库存增加，应收款与应付款都会相应增加，两者的差额即为项目所需营运资金。在进行现金流预测时，我们应该充分考虑该项目的资金占用情况及相应的成本，平衡整个公司的效益。

现金流是公司业务规模、盈利情况、收现能力等经营实力的体现，因此我们应该充分发挥现金流预测表的作用，为公司确定最适合的发展方向。

3.1.4 用“支票”行为解决现金流

当公司遭遇现金难以周转的困境时，除了外部提供资金支持外，我们还可以采用让用户提前预约、提前支付等“支票”行为进行自救。这种方式可以帮助我们留住用户，缓解现金流不足的问题。

实际上，支票行为早就被各类商家广泛应用，预售、抢购、优惠券等营销模式其实都是支票行为。餐饮、娱乐、地产、旅游等行业都精于此道，通过优惠、减免、免费引导用户提前预约、提前付费，以缓解公司的现金流压力。

“当时照相馆”推出“待到山花烂漫时”预售促销活动，将七折优惠、无理由退款作为卖点，吸引了无数用户进行预约，提前圈定了高峰期客流。在保持品牌的同时，这家照相馆利用预售定金提前回笼现金流，可谓一箭双雕。

无独有偶，小龙坎火锅开发了一个“云吃火锅”的H5程序，用户可以线上组局，同时领取商家发放的长期优惠券，随时到店享用，如图3-2所示。

即使我们无法对“云吃火锅”的H5技术进行复制，也可以学习商家把控用户消费心理的做法，利用微信群进行营销方法复制。例如，我们可以利用用户渴望获得优惠、不想在家做饭等心理，推出餐饮月卡，或以“工作日不做饭”为口号的优惠活动引导用户提前消费或预约，这样不仅可以快速实现资金回笼，缓解资金压力，还可以增强员工对公司的信心。

对中小型公司而言，这些措施肯定比等待外部提供资金支持更容易实现。

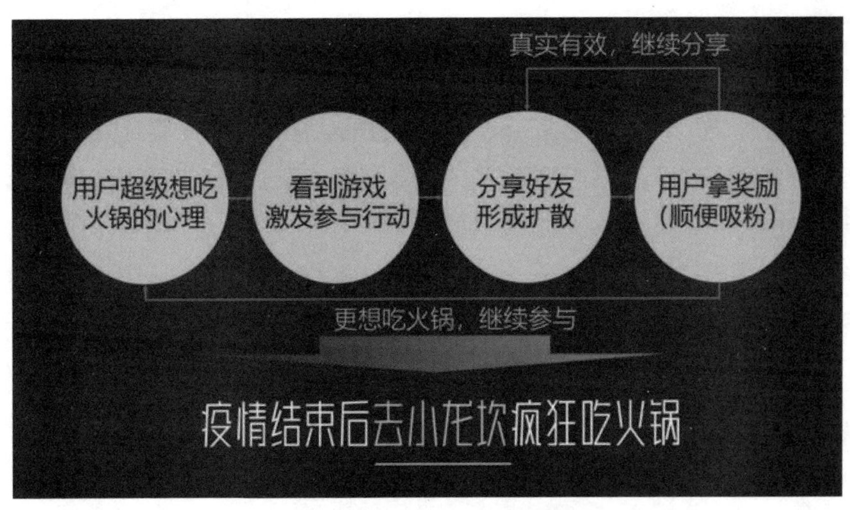

图 3-2 小龙坎的营销逻辑

从上述解决思路出发，可以根据“蓄水池理论”模型推演使用支票行为是如何实现双赢的。

我们将中小型公司的资金池理解为蓄水池，即将销售所得的资金视为进水口，将房租、人员工资、库存货物等视为出水口，将得到的纯利润视为蓄水池，如图 3-3 所示。

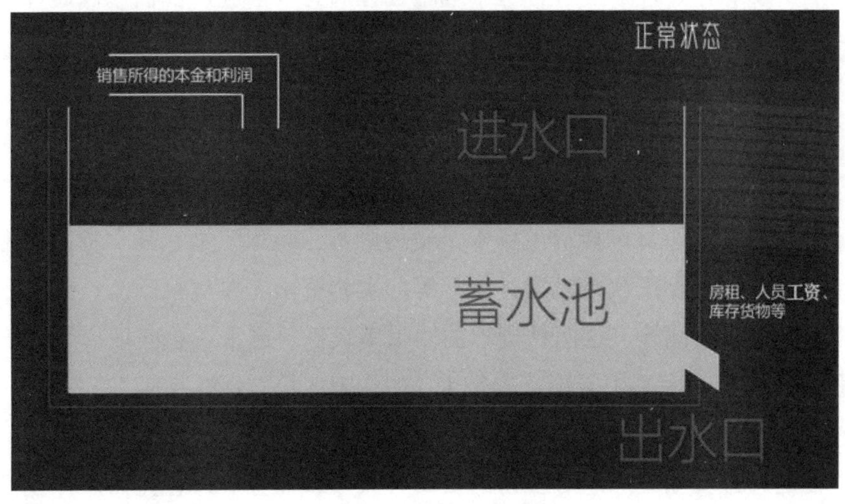

图 3-3 资金蓄水池

通常情况下，用户会选择即买即付，这时销售所得的全部资金直接流入盈利蓄水池中，即使有支出会导致资金流出，也能保证蓄水池充盈。当某些意外事件导致进水受阻或排水速度加快时，蓄水池水量不足，现金流随之枯竭。

在这种状态下，我们可以通过预售、抢购、优惠券等支票行为获得资金，打开新的进水口。用户购买的产品或服务并不需要我们立即承兑，资金支出也会相对减少，由此可以缓解我们的资金压力，解决现金流不足的问题。与此同时，我们获得了少量的资金流入，用户也获得了超出期待值的产品或服务，最终实现双赢。

在激烈的市场竞争中，能够把握用户消费心理，成功引导用户进行消费也成为一种商业竞争优势。在公司遭遇资金危机时，与其等待外部伸出援手，倒不如积极自救。

3.2 资本战略优化措施

随着经济的发展，公司的资本战略日趋多元化，资本战略的优化也成为公司管理层面的重要问题。为公司设置财富目标、构建利益共同体、重磅投入产品研发等方式，都是进行资本战略优化的有效措施，我们可以通过这些方式实现公司市场价值的显著提升。

3.2.1 盘点所有资本，设置财富目标

公司的资本通常包括货币资本、实物资本、无形资本。其中货币资本主要包括现金、应收账款、股票、债券等，实物资本主要包括产品、原料、机械设备、办公场地等，这两种资本的回报率较低，通常占总回报率的 30%。剩下 70% 的回报率则由无形资本带来，如知识产权、公司专利、商标、人才、用户数据等。

在这种意义上，除了对公司的资产、人才、业务等进行盘点外，我们还需要梳理公司的无形资本。这可以帮助我们更科学地设置财富目标，更长远地制定资本战略，实现公司的可持续发展。

资本的增长与我们的经营和管理息息相关，因此，除了实现公司的经济

效益最大化外，我们还要努力实现管理效率最大化，这样才能帮助我们快速实现公司资产的成倍增长。与此相对应的，就是实现公司价值最大化的方法。

1. 增强公司的可持续发展能力

从财务管理角度出发，公司的可持续发展能力通常体现在公司的核心竞争力、风险抵御能力及资产管理能力三方面。其中，最关键、最易提升的就是公司的核心竞争力，它通常会被公司的生产技术、营业额、市场占有率和用户需求等因素影响。

资本运作过程中，风险与收益通常是并存的，扩大盈利就必须承担相应的风险，这就要求我们提升公司的风险抵御能力与资产管理能力。提升资源使用效率的同时，还要实现风险与收益的平衡，使得公司可以持续、稳定地发展，最终实现价值的最大化。

2. 增大公司的现金流

贴现现金流法是用于估算公司价值的常用方法，它基于这样一个基本概念，即公司的价值等同于其在未来现金流之和的折现。由此我们不难得知，提升公司的现金流也可以实现公司价值的提升。

科学投资可以通过资金的高效运作实现公司效益倍增，同步降低公司的偿债负担及投资风险。除此之外，拓宽产品销售渠道、提升主营业务利润率、降低产品成本费用、优化股利分配方案等都可以帮助我们增大公司的现金流，实现公司价值的最大化。

3. 优化资本结构

实现资本结构优化的实质是降低资本的加权平均成本（也就是将不同资本进行加权平均计算后获得的成本）。发展融资租赁、变卖资产融资、进行债券筹资等方式都可以帮助我们降低资本的加权平均成本，有效优化资本结构，最终实现公司价值的最大化。

4. 优化治理机制

公司的治理机制，即对公司经营情况进行监督与管理的制度，广义上还包括公司的组织方式、财务机制、激励机制、代理机制等。优化公司的治理机制要求我们聘用专业人才，建立科学的制度，定期对管理人员进行业绩考核。实现公司治理机制的优化可以完善经营模式、提高运作效率，间接实现公司价值的最大化。

3.2.2 利益共同体催生资本裂变

股权激励可以使员工与公司的利益趋于一致，快速形成利益共同体。这样能对员工产生较好的激励及约束作用，有效预防那些损害公司整体利益的行为，催生资本裂变。

华为是国内最早实现员工全民持股的公司之一。创办初期的华为常遭遇融资困难，其管理层启动员工持股计划，利用内部员工持股的方式进行融资。随着公司的蓬勃发展，华为开始将员工持有的股票转化为虚拟受限股。不仅如此，公司内部还会进行持股员工代表的选举，这些员工将会代表全体持股员工参与公司事务管理。

员工持股计划将华为的发展与员工的个人价值有机结合，由此形成的利益共同体反过来推动公司资本裂变，使华为成为世界500强。

除经济效益外，员工持股还能创造巨大的社会效益，其作用主要体现在以下几个方面。

1. 构建新型劳资关系

劳资关系就是我们常说的雇佣关系，即劳动者与资本所有者的关系。员工持股计划使得员工同时拥有劳动者与资本所有者两种身份，这样不仅可以提升员工的工作热情，还可以有效缓和劳资矛盾，构建新型劳资关系。

2. 完善公司治理结构

员工持股将会在一定程度上改变公司的股东构成，持股员工代表也有机会以公司股东身份参与公司决策，这也会使公司的治理模式更为切实可行，从而推动公司治理结构进一步完善。

3. 提升公司的市场竞争力

随着员工持股计划的实行，员工与公司风险共担、利益共享的利益共同体逐渐形成，这不仅有利于提高员工的工作积极性和公司的凝聚力，还有利于实现公司内部成长，提高公司的市场竞争力。

员工持股有利于提升公司的经营效率，增强公司的盈利能力。随着相关法律法规的完善，如今不少上市公司都在同步开展员工持股计划。我们在推行员工持股计划时，不仅需要合法合规，还要积极总结经验，及时进行动态调整，让员工在公司发展过程中发挥更大作用，实现经济效益与社会效益的全方位提升。

3.2.3 在产品研发上重磅投入

2021 年 4 月，养元饮品发布的 2021 年首篇季报显示，其营收、净利润等均实现大幅增长。截至 2021 年 4 月 26 日，其营业收入达 22.37 亿元，净利润达 7.39 亿元，同比增长 40.42%，如表 3-1 所示。

表 3-1　养元饮品 2021 年第一季度财报

	年初至报告期期末	上年初至上年报告期期末	比上年同期增减
营业收入 / 元	2236611030.40	1277740050.58	75.04%
归属于上市公司股东的净利润 / 元	73851291.38	525961963.15	40.42%
归属于上市公司股东的扣除非经常性损益的净利润 / 元	648261207.52	398115530.69	62.83%
加权平均净资产收益率	6.05%	4.15%	1.9%
基本每股收益 / 元	0.5836	0.4156	40.42%

养元饮品表示，公司将持续加强产品研发投入，推动管理、研发、产品、品牌等全方位升级，实现公司业绩稳步增长。

就在 2021 年 3 月，养元饮品与北京工商大学联合承办“中国核桃产业研究院”，同时推出新品“六个核桃 2430”。该产品基于疾控中心关于《补充核桃对学生记忆作用的随机双盲对照研究》的研究成果（即连续 30 天食用含 24g 核桃的植物蛋白饮料，可显著提升记忆力）在精细打磨后，成功实现项目产品化。据了解，在经历“CET 冷萃”和“五重细化研磨”后，该系列产品的口感和营养将得到进一步提升。

实际上，养元饮品早就成立了博士后科研工作站，重磅投入产品研发。该公司财报显示，2019 年、2020 年其研发费用均出现大幅增长。养元饮品表示，公司将进一步扩展植物奶品类，推出高蛋白、零胆固醇、零乳糖的“每日养元植物奶”，持续加码市场布局。

作为实现资本战略优化的关键措施，重磅投入产品研发可以全面提升产品的市场竞争力，从而实现公司复合增长率的提升。对于公司而言，决定其行业地位的最关键因素就是产品，其研发投入最终都会在产品上得到体现。因此，我们需要更加重视产品研发，全方位提升产品竞争力，最终实现公司的可持续发展。

3.3 从意识培养看中长期资本战略

中长期资本战略的制定问题也是公司整体资本战略的制定问题。只有充分考虑公司的短期资本战略与中长期资本战略，才可能制定出更为合理的公司发展战略。公司的中长期资本战略也可以帮助我们更好地把握公司与市场的发展节奏。

培养以下几种思维意识，可以帮助我们更好地理解并制定中长期资本策略。

3.3.1 竞争意识：需要何种投资者

竞争意识对资本策略的影响在于投资人的选择。寻找投资人是技巧性非常强的活动，在融资过程中，找到投资人很难，找到与公司业务契合的投资人更难。

融资是创业者与投资人相互选择的过程。投资人选择项目时，更注重创业团队以及项目的质量；创业者选择投资人时，不仅要关注投资人提供的资金数额，还要关注投资人能否为公司带来战略价值。

我们对战略价值的理解往往会停留在表面上，比如有些投资人可以为公司吸引更多的流量或者补齐公司的短板，这样的投资人的确可以为公司带来战略价值，但仅有这些其实是不够的。战略价值通常分为以下几个层次。

1. 上下游的资源

对于公司而言，资金之外的战略、资源、人才等方面的支持也非常重要。优质的投资人会根据项目发展情况及时提供资金及后续的资源支持，这样既有助于项目的长久发展，也能提升自己的投资回报率。

凡客诚品在创立初期曾多次遭遇困难，其投资人雷军多次挺身而出，帮其渡过难关。凡客诚品在服装界的超高知名度与雷军的帮助不无关系，其创始人陈年与雷军的友谊也被传为业界佳话。

2. 投资人的市场敏锐度

股权投资事业需要投资人了解行业趋势，快速洞察市场风向。很多经验丰富的投资人都会将思维拔高到3～5年以后，他们为公司制定的所有战略方向也都建立在这一点上。这种投资人往往不会在乎项目当前的盈利情况，他们认为这些项目会在未来创造更大的价值。

3. 核心能力的补充

这里的核心能力是指投资人可以提供生态扶植、挖掘用户数据的价值等，这些能力具有非常重要的战略价值。行业巨头也会产生一定的品牌背书效果，但这种效果难以衡量，对于不同行业也存在较大的差异。

总而言之，那些无法用钱买到的战略资源更有战略价值。

我们在选择投资人时，一定要充分利用竞争性思维，思考投资人希望达成怎样的战略协同，我们的竞争对手采用何种策略，投资人的竞争对手会怎样考虑问题等。有些时候，我们可能并不认为投资人能够给公司带来多大的价值，但当他们带着自身的资源或业务协同效应转向竞争对手后，极有可能改变当前的竞争格局。

3.3.2 深谋、速动意识：境内外架构的选择

在选择境内架构和境外架构的问题上，我们可以将以下两个方面作为出发点。

第一，我们可以根据上市之前的融资通道进行选择。

通常情况下，境内市场的后续融资能力暂时弱于境外市场。某公司选择

在境内上市，为实现盈利，始终不敢扩大生产规模、抢占市场份额。随着市场格局发生变化，许多行业巨头加大了在该领域的资金投入，这家公司在保利润和保增长之间举棋不定，最终选择放弃盈利要求，搭建海外架构加入“补贴战”。

我们不难发现，那些需要大量资金才能实现快速发展的行业，通常会选择境外架构，因为境外架构提供的融资金额较大、退出期限相对宽松。同时，不同市场的估值逻辑存在差异。公司在哪里可以更好地得到资本的认可，也是我们进行架构选择时要考虑的重要因素。

第二，我们可以根据未来的上市地进行反选。

很多公司会盲目追随市场热点。听说境内市场推出战略新兴板块就将海外架构拆除，听说境外市场融资金额大又将海外架构搭建回来，听说新三板市场更有前景就为公司挂牌。他们随着市场的热点变化频繁更改公司的发展方向，除了消耗大量的资金和精力外，公司还可能会因此错过最佳的上市时机。

境内外市场的上市逻辑不尽相同，政策与监管力度的变化会对境内市场产生更大的影响，市场发展趋势会对境外市场产生更大的影响。因此，我们需要根据行业情况进行架构选择。例如，某公司所处行业在境外没有对标公司，市场空间也不足百亿元。如果这家公司选择境外架构，在上市后也没有实现体量的提升，那么它也就不容易受到分析师的关注，难以获得良好的流动性，未来融资和退市都可能出现问题。

在选择境内架构和境外架构的问题上，我们需要谋定而后动，确定方向后就要分秒必争，培养深谋、速动的意识，并长期接触资本市场，把握其最新动向。

3.3.3 超前意识：保持足够的市场敏感度

最后是上市地点与上市时间的选择问题，这个问题看上去离我们很远，但为了公司的上市计划，我们需要具有超前意识，时刻保持市场敏感度。

对于公司而言，上市是一个漫长的过程，许多问题都需要花费大量时间进行准备。例如，海外架构的搭建问题、财务与税务的安排问题、团队的搭建问题、投行团队的选择问题等。

首次公开募股（Initial Public Offerings，IPO）的市场同样具有很强的窗口效应，有些时候，3 个月的市场波动情况会对公司的估值产生巨大影响。有些公司就因为一步之差上市失败，每晚一天都可能产生上亿美元的融资差额。

2020 年前后，许多互联网公司选择在海外上市，短短几个月，市场就发生了天翻地覆的变化，这些公司的经营情况相差不大，但最终的估值天差地别。那些未能成功上市的公司，也会面临更大的挑战。

IPO 窗口期来临之际，也是公司实现弯道超车的最好机会。某娱乐公司借助 IPO 窗口期实现境内上市，公司估值远超在海外上市的同行，一跃成为行业龙头。

除此之外，在合适的节点退出也是实现利益最大化的理性选择。但公司创始人通常会保持乐观的态度，往往只会在公司发展遭遇瓶颈时考虑公司的售卖问题。生活中并不存在上帝视角，商业战争并不会给某个人重新选择的机会，我们只有时刻保持市场敏感度，才能把握住稍纵即逝的最佳退出节点。

市场中充斥着变数，只有具备超前意识，提前规划好公司未来 3 ～ 5 年的发展路径，才能更好地面对变化莫测的资本市场，最终实现基业长青。

3.4 投入产出分析

投入产出分析是研究项目或公司收支平衡关系的常用方法。在实体产业中，投入常指产品生产所需的原材料、机器设备折旧，以及劳动力等，产出常指产品生产后所得的经济或其他方面的效益。

进行投入产出分析，即将项目的投入与产出中的主要因素视为常量，将二者的依存关系以方程组形式进行展示，再制成数量模型，从而推断该项目的运作情况，进一步预测其发展前景。

3.4.1 资本的加权平均成本

公司的资本结构主要包括优先股、普通股、债务三部分。资本的加权平均成本多用于公司的成本预算。由于优先股并未完全普及，加权平均成本在计算时很少会计入优先股的成本，其计算公式通常为

资本的加权平均成本 = 负债的占比 × 利率 ×（1- 税率）+ 普通股的占比 × 必要回报率

其中，税率是必要开支，并不算在融资成本中。我们需要支付的债务利息与股权回报共同组成融资成本。

在正式了解加权平均成本前，我们首先需要了解公司的融资成本。假设某家公司某月营业利润为 6 万元，税率为 30%。当公司没有背负贷款时，该公司应缴纳 1.8 万元的税金；当公司需要偿还 1 万元的贷款利息时，则应缴纳 1.5 万元的税金。

从表面上看，由于贷款的存在，这家公司的净利润从 4.2 万元降至 3.5 万元，但一家公司无法避免贷款经营，我们便可以通过融资成本的计算，确定目标金额，制订最优的融资方案，实现公司资本结构的进一步优化。

通常情况下，公司信用等级越高、经营情况越好，其贷款利率就越低，其贷款申请也就越容易得到批准。从风险管理的角度出发，债券的融资成本为国债利率与风险溢价之和。其中，风险溢价主要有信用风险溢价和流动性风险溢价两种。信用风险溢价可以简化为债券的违约概率与损失占比的乘积，流动性溢价则为无法按照市场价值进行资产交易的风险。

由于债券的流动性更低，想要对债券的流动性风险进行量化较为困难，我们可以忽略债券的流动性风险溢价，由此得到债券的融资成本为

债券融资成本 =（国债利率 + 违约概率 × 损失占比）×（1- 税率）

与债券融资不同，股权融资的高收益与高风险并存，股权融资成本通常高于债券融资成本。投资人在承担风险的同时，必然会要求获得较高的回报，投资人的预期回报率也被称为必要回报率，公司的必要回报率越高，越能吸引投资，其公式为

必要回报率 = 国债利率 +（市场回报率 - 国债利率）× 回报系数

不难发现，只有回报率达到甚至超过必要回报率，才会吸引投资人进行

投资。因此，必要回报率在某种意义上就是公司的股权融资成本。

若将国债利率计为2%，回报系数计为1.2，某公司的市场回报率计为5%，其债券违约的概率计为1%，违约将会损失50%的本金。那么，该公司的信用风险溢价则为0.5%，债券融资成本则为1.75%，股权融资成本为5.6%。

以此为基础，资本的加权平均成本也就不难理解了。在对公司的项目进行加权平均成本的计算后，我们就可以根据各项成本制订融资方案，实现公司资本结构的优化。与此同时，加权平均成本还可以用于判断项目是否值得资本投入或追加资金。若项目收益高于资本成本，则说明该项目值得资金投入，反之亦然。

除此之外，我们还可以根据资本的加权平均成本判断预期收益的风险变化，动态调整公司的资本结构，为公司寻求资本战略的最优解。

3.4.2 为投入产出建立数量模型

建立投入产出数量模型可以帮助我们清晰地了解项目投入成本与项目产出效益之间的数量关系，衡量某个投资项目是否值得投资。如图3-4所示，即为一个简单的投入产出模型。

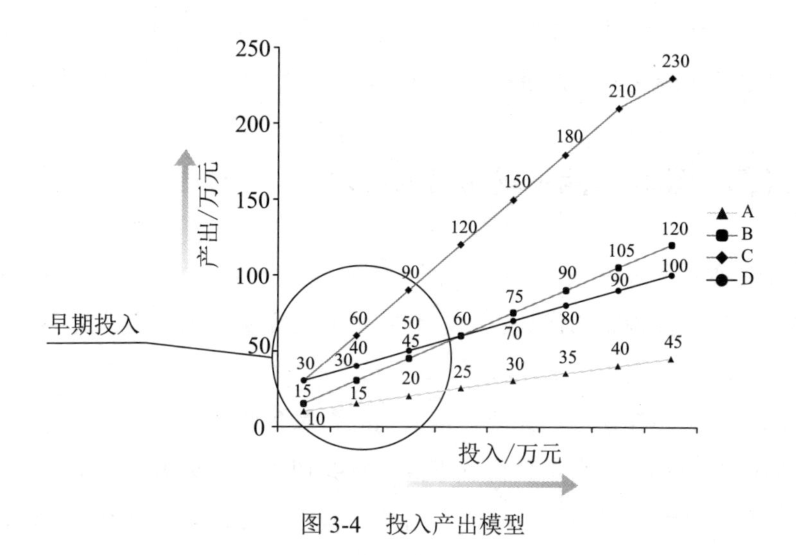

图3-4 投入产出模型

下面我们就以产品的推广营销为例，介绍如何建立投入产出模型。

在营销期间，资金情况主要分为投入与产出两方面。投入成本相对更容易确定，我们可以将资金使用情况一一列出，如办公场地租赁费、原材料采购费、人力成本，推广宣传的策划、宣传、渠道费用等。

产出的收益则具有预测性质，基于过往的项目经营情况进行推算，即我们会以过往的营销数据作为参考，推算出本次推广营销可能提升的产品销量。因此，模型需要建立在推广情况相对稳定的条件下，即相同的推广渠道、相同的策划方案、相同的宣传模式等，假设投入相同的成本，产品销量的提升情况相似。

例如，某次投入100万元进行宣传推广，带动了500万人次的关注，平均每日关注度降低10%，平均每100万人次的关注度能带动50万元的产品销量。则使用相同的策略进行产品推广，前3天的用户关注度依次为500万人次、450万人次、405万人次，分别能带动250万元、225万元、202.5万元的产品销量。

因为我们使用的关键指标都是假定量，在实际运营过程中，它们会受到其他因素的影响而产生波动，所以我们要对这些指标进行统计和监测，当其出现较大变动时，需及时进行战略调整。

除了项目盈利情况的预测能力外，投入产出模型还可以让我们更为直观地了解项目现状，为项目制订下一步的运作方案。与此同时，我们还可以对出现大幅增量或减量的数据进行原因分析，在日后经营过程中加以利用。

3.4.3 套利只能是聪明者的游戏

套利又被称为价差交易，即在不同市场中，以有利的价格买进或卖出，从中赚取差价的行为。通俗地说，套利就是低买高卖。世界上永远不存在无本万利的事，套利是聪明者的游戏。

国际贸易活动存在信用风险，买方担心付款后收不到货物，卖方担心货物发出后收不到货款。在这种情况下，银行会使用信用证为买卖双方进行信用担保。我们以铜融资为例，简述“无风险套利”的流程，如图3-5所示。

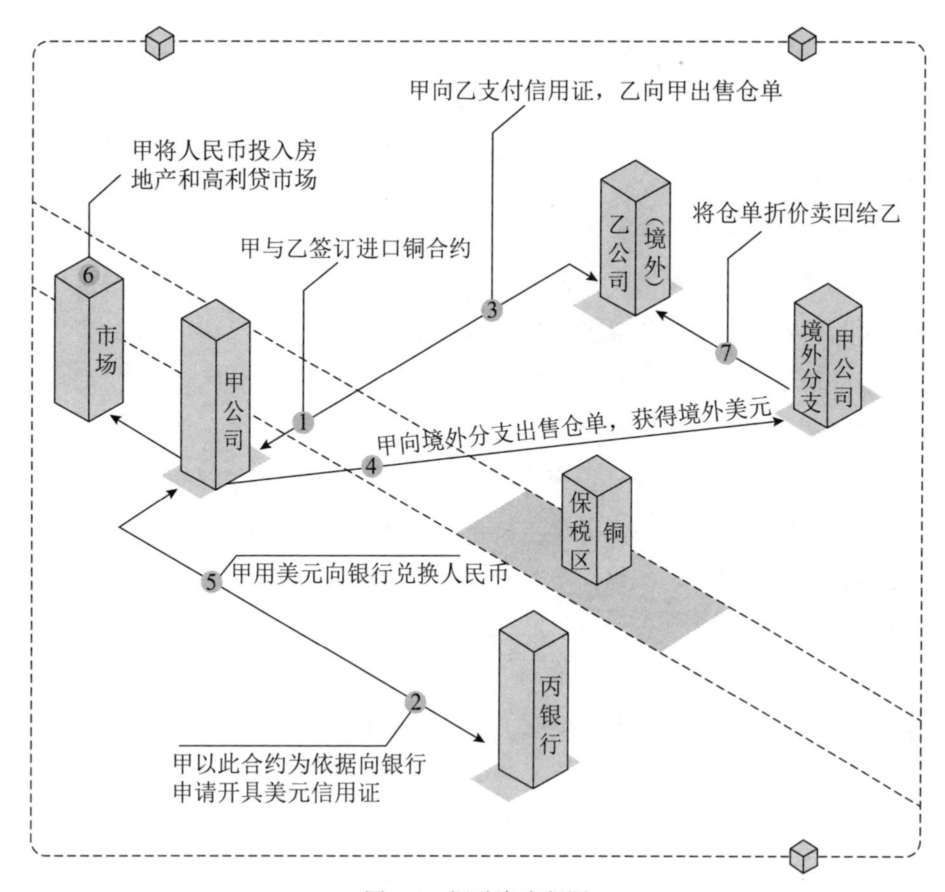

图 3-5　铜融资流程图

甲公司向境外的乙公司采购铜，并签订进口合同。这时，甲公司就可以凭借这份合同要求银行开具信用证。在甲公司向乙公司支付信用证后，乙公司就会将仓单交给甲公司，甲公司可以凭借仓单提取相应的铜。但实际上甲公司并不需要铜，它将这张仓单出售给自己在境外开设的分支机构，再由分支机构将这张仓单转卖回乙公司。

此时我们会发现，乙公司将铜以正常价格出售给甲公司，再从甲公司的分支机构折价买回，这个过程中便产生了利差。但前者的交易以信用证为交易凭证，可以延迟支付，后者的交易则要通过现金立即支付。因此在某种意义上，铜融资也是借贷的一种。

在整个交易过程中，甲公司在铜进口后又将其立即出口，借助信用证的支付时间差获取一笔资金，这也相当于向乙公司借贷，利用贷款进行投资，最终实现“空手套白狼”。

由于信用委托会由银行刚性兑付，人民币持续升值，市场对铜的需求较大，这种“无风险套利”行为的风险较低，收益却极高，短时间内吸引了大量资金参与其中。

但事情远没有看上去那么简单。

信用委托、银行的理财产品、民间的小额借贷大多会流入房地产市场，在兑付那些高收益理财产品的同时，也会相应地推动房价提升；铜融资的本质是境外货币流入，这也会相应地提升人民币汇率。长此以往，非常容易导致经济发展失衡。

资金的涌入似乎印证了该模式的可行性，使得更多后来者携资金参与其中，继续维持这种模式的“平衡”，与庞氏骗局何其相似。

我国一些经济发达地区早已受到铜融资的反噬，法院判决那些参与人员在 1 ～ 10 年内将本金归还给银行。

但是只要有利差，就会有参与者绕过市场的管制，为自身谋取利益。铜融资或许已经成为一种过期的套利手段，但绝不是最后一种。

第 4 章

顶层设计：玩好能增值，玩坏会减值

顶层设计原本为工程学术语，本义为从全局出发，对项目的各层次和各要素进行统筹规划，以有效集中资源，高效达成目标。

合理的顶层设计可以帮助公司在激烈的市场角逐中保持优势，同时不断提升产品和自身的价值。因此，我们要重视顶层设计，从全局入手，将公司划分为三部分，由目标层为后续的资本版图做铺垫，由执行层实施科学正确的措施，由后方为前线工作提供支撑和保障。像这样在最高层次判断和解决问题，可以帮助公司实现快速盈利，进一步提升公司的价值。

4.1 目标层：为后续的资本版图做铺垫

目标层的管理需要通过顶层设计，将公司整体目标逐级分解，转换为各部门、各员工的分目标，形成协调统一的体系。实施目标层管理，不仅有利于员工更加积极向上、明确高效地工作，还可以为后续的资本版图打好基础，从而使各项业务更加科学化、规范化。

4.1.1 战略定位：挖掘并提供独特的价值

在进行顶层设计前，首先要明确公司的战略定位，挖掘出公司最独特的价值。而资源是公司选择和实施战略的重要基础，分析公司现有资源不仅有利于制定出科学合理的战略，还可以挖掘出公司最独特的价值。

作为公司的创始人，我们真的知道自己公司的独特之处吗？

在市场层面，我们是否在发现某个客户需求后，讨论出最优质的解决方案？在技术层面，我们是否掌握某种最新型的技术，并可以通过将其设计为商业化的产品而盈利？在团队层面，我们是否拥有正确的愿景、文化、希望，即使面对各行各业的迅猛发展，也能够保持实现目标的强烈冲动和信心？

我们也可以根据表 4-1 中的所有问题，更直观地为公司找到最重要的引擎。

表 4-1 引擎检测表

关键词	问题	是	否
经验	在既往发展经历中，是否积累了丰富经验？		
优势	是否具备一项或多项比较独特的优势？		
资金	是否具备启动资金，是否可以获取足够的资金？		
机会	是否已经发现了当前市场的空白和客户的“痛点”？		
热情	员工是否具有热情和渴望，面对某些工作、业务是否会激动不已？		
抗压	员工是否有迎接高强度付出和面对许多困难的心理准备？		

战略定位是公司进步和发展的推动力，是公司独特的价值所在，我们必

须对其进行深刻理解，这样才能明确公司的优势和短板在哪里，从而充分发挥自身优势。

4.1.2 目标制定：在某个时间攻克某座大山

目标是对计划的设想与展望。如果公司的发展计划中没有具体目标，那么这份计划无疑是失败的。在确定好发展目标后，管理层就可以将目标进一步分解，从而制订出更详细的发展计划，这样得到的计划可执行性不会太低，也势必会实现极高的达成率。

但在实践过程中，创业者在为公司设置经营目标时，极少会为目标设置完成时限，导致有些可行性极高的目标被一拖再拖。创业初期的不稳定因素过多，这些未设置完成时限的目标也就因此被搁置。

实际上，在设置完成时限后，公司便会自上而下形成一种紧迫的氛围，员工们也会为实现目标集中自己全部的精力。火箭发射前的倒计时，目的就是让工作人员的注意力高度集中。在工作中，完成时限会对各部门产生约束作用，更好地聚焦本部门协同一致完成工作的信心和力量。

例如，管理层需要获得用户反馈，如果不将目标进行分解也不设置时限，售后部门很容易消极怠工。如果管理层要求在一周内收集 1 万份用户反馈，那么售后部门便会更好地分解任务给下面的员工，将这份紧迫感传递下去。

当然，时限的设置不能盲目，需要充分考虑其合理性。例如，研发部门正在进行产品的迭代升级，正常情况下需要一个月的时间，但管理层要求他们在一周内完成，这就是非常不合理的。像这样盲目地设置完成时限，不仅会严重损害员工的积极性，还会极大地降低他们的工作质量。

我们需要根据实际情况和目标完成度进行调整。例如，我们需要 1 万份用户反馈，经过多次测试，售后部门每周可以提供 4000 份，那我们不妨先将时限放宽，在每次完成阶段目标后，小幅度地缩短时限，最终达到总目标。

采用这种要求在一定时限内完成任务的方法，制定的目标拥有极高的可执行性。同时，还可以培养员工定时、超额完成任务的习惯，更好地推动公司的长远发展。

在我们为公司设置好长远目标后，先要将其拆分为短期目标，再为这些短期目标设置时限。随着短期目标的相继完成，我们会越来越接近最先设置的长远目标。这样才能实现公司的长久发展，实现收入的持续增长。

4.1.3 团队搭建与调度：物尽其用，人尽其才

每一项工作都要依靠团队来开展，组建一个卓越团队已经成为公司改革和发展的必然要求。很多时候，如果不能合理搭建与调度团队，公司就会失去竞争力和发展力；但如果能拥有一个卓越的团队，这些难题便能够迎刃而解。

在现代管理中，可视化正在成为一个越来越重要的特征，而行程看板则是实现可视化的重要方式。通过行程看板管理团队，不仅可以掌握团队的工作进度，还可以了解团队成员的工作情况，真正实现物尽其用、人尽其才。

在使用行程看板进行团队管理时，需要注意以下几个方面。

（1）在建立行程看板时，一定要保证可视化作用的充分发挥。例如，行程看板要布局合理、设计醒目，同时还要放置在非常显著的位置。

（2）使用行程看板前，要思考如何规避可能出现的问题，出现问题后要积极整改。

（3）要保证行程看板可以及时反馈员工的目标完成情况。

除了上述几个方面，行程看板的内容也非常重要。一般情况下，行程看板应包含公司愿景、年度目标、月度目标、每周业绩、每月业绩、完成值、完成率、价值观等内容。

当然，要是想为其他员工设立榜样，还可以加入周业绩之星、月业绩之星，并把他们的信息和业绩展示出来。下面就是一个非常典型的行程看板，如图 4-1 所示。

如果公司条件允许，我们可以把团队中每一位成员的目标以及目标完成情况，用行程看板的方式展示出来，然后再把这个行程看板摆在最显眼的地方，让所有员工都可以看到。

对于业绩好的员工来说，行程看板可以给他们增添信心，促使他们继续保持；而对于那些业绩不好的员工，行程看板则可以给他们施加压力，推动他们不断进步。

企业愿景：							
20XX年目标：XXXX				已完成____%			
月份	目标值	每周业绩				完成值	完成率
		第一周	第二周	第三周	第四周		
1月							
2月							
3月							
4月							
5月							
6月							
7月							
8月							
9月							
10月							
11月							
12月							

价值观：						
周业绩之星				月业绩之星		
贴照	姓名			贴照	姓名	
	业绩				业绩	
个人业绩						

姓名	20XX年X月			
	第一周	第二周	第三周	第四周

图 4-1　行程看板范例

4.2　执行层：实施正确、科学的措施

在明确公司发展目标后，公司的执行层也应当合理地进行公司组织架构与职能设计，利用全局思维，全方位规划员工的责任与权利，更好地调动其积极性。同时，也应该建立用户视图，促进用户的转化与回流，进一步发挥公司竞争优势。

4.2.1　组织架构与职能设计

在现代管理当中，组织架构占据非常关键的地位，可以影响公司的整体效率和发展方向。做事情都要讲求流程完整、步骤明确，设置组织架构当然也不例外。联创世纪商学院总结出设置组织架构的“5 步法”，即战略对接、选择类型、划分部门、划分职能、确定层级。

第 1 步，战略对接。战略为先，组织架构后行。依照战略设置出来的组织架构更加科学，而且资源分配也比较合理。另外，因为战略和组织架构相互契合，所以公司的发展不会偏离轨道，管理者只需要看目标有没有达成即

可，员工也不容易产生过度膨胀的欲望。

第 2 步，选择类型。设置组织架构的第 2 步是选择类型，即到底是采用直线型、职能型，还是矩阵型、事业部型、区域型。进行这一步，必须以战略、管理方式等因素为基础。由于不同发展阶段所需要的组织架构不同，我们要根据实际情况进行选择。

第 3 步，划分部门。完成战略对接，选择好类型，就可以进行部门划分了。随着公司的发展壮大，业务会越来越多，分工也越来越细，但是细到一定程度时，一个层级的管理就超出了限度。在这种情况下，公司就可以把职能相近或者联系度高的部门放在一起，然后再指派能力较强的管理者负责管理。

第 4 步，划分职能。设置组织架构的第 4 步是划分职能，根据公司所选择的组织架构类型，职能会有各种各样的组合。每个部门都要有自己的职能，也要承担相应的责任和义务。而且，公司不同，每个部门的职能也会有很大不同。职能划分越具体，岗位设置就越合理，员工的工作内容也就越明确。

第 5 步，确定层级。一般情况下，公司的层级应该是 4 个，分别为决策层、管理层、执行层、操作层。其中，决策层人数最少，操作层人数最多。要确定合理的层级，除了要考虑公司的职能划分以外，还应该设定有效的管理制度。同时，各层级之间都应该自上而下地实施管理与监督的权力。

与组织架构相比，职能指一个岗位所要完成的工作以及所应承担的责任，也可以视为职务和能力的统一。在进行职能设计时，我们可以采用下行法和上行法两种方法。

1. 下行法

下行法就是从组织战略出发，以流程为依托，进行职责划分的系统方法。简单来说，就是对战略进行分解，然后将各个岗位的职责确认好，赋予每个岗位相应的权限。

首先，用精练的语言表述设置该岗位的目的，一般的编写格式为：工作依据 + 工作内容（岗位的核心职责）+ 工作成果。其次，确定关键成果，即这个岗位应该取得哪些方面的成果。最后，根据关键成果确定岗位的职责目标，并在此基础上分析每个员工的活动和职责。

经过上述 3 个步骤后，公司还要进行职责描述，即说明员工所负有的职责以及工作所要求的结果，可以表示为：职责描述＝做什么＋结果。

2. 上行法

上行法需要公司从工作要素出发，对当前的基础性工作进行归类，形成任务，最终实现职责描述。

具体来说，首先是对任务进行罗列，明确指出必须执行的任务；其次是对每项工作进行总结，然后确定每项工作的目的或者目标；再次是对任务进行分析与合并，完成对任务的归纳；最后是描述各个岗位的主要职责，并用简洁的语言清晰地表达出来。

上行法是进行职能设计时经常使用的方法。在公司发展过程当中，如果我们发现有对某职责的需求，就应该第一时间将该职责的全部任务归纳起来，进行分析与合并，通过这种方式保证工作顺利完成。

4.2.2 用户视图：增触点促转化，固活跃拉回流

除了关注公司本身的组织结构外，我们同样需要重视用户体验。有针对性地建立用户视图，可以有效提升用户的转化率与活跃度，更好地实现盈利。用户视图即将用户零散的消费数据进行整合，并使用可视化、结构化的形式进行体现。

公司产品往往会通过多渠道同步销售，同一个用户可能会在不同渠道接触产品，从而产生不同的数据。这时，我们可以将该用户留下的所有数据进行匹配、整合、分析，从而了解其消费情况，得到该用户的用户视图。

建立用户视图的逻辑很简单，但是多渠道会产生大量冗杂的数据，从中对信息进行筛选和匹配是我们构建用户视图需要面对的最大问题。那么，我们应该如何解决这些难题，建立用户视图呢？

1. 数据识别方面

如果可以在数据诞生的瞬间对其进行识别，就能够极大地减少我们的工作量。因此，我们需要搭建用户数据管理平台，及时将用户信息导入，并进行初步处理，如剔除重复数据、标记相似数据等。此后，再由专业人士对这些数据进行进一步分析。

该平台专门用于用户数据的筛选和分类，因此，它需要拥有庞大的数据库，集合线上和线下用户的全部数据，并将用户的浏览、购买、投诉、退换等记录进行分类识别。这样，我们便可以初步了解用户的购物倾向与购物习惯。

而对用户数据进行人工识别需要大量成本，我们可以交由技术部门搭建电子平台，或者直接向其他公司租用该项服务。

2. 数据整合方面

经过初步处理后，将来自不同渠道的数据进行关联，这是建立用户视图最重要的一步。

现代人的信息保护意识逐渐觉醒，并非所有用户都会留下自己的真实信息，数据匹配也因此变得更加困难。在这种情况下，如果依旧将来自不同渠道的信息按重复字段进行匹配，除带来极大的工作量外，其工作效率和成功率也极其低下。

目前，使用手机号进行身份认证是每个平台都会提供的服务，因此，我们可以将手机号看作连接纽带，借助它将各渠道的信息进行关联。在找到数据源头后，还要利用用户的附加信息，如姓名、电子邮箱、收货地址等对原有数据进行补充。

此外，由于用户数据具有时效性，我们还要注意实时进行数据更新，及时提供用户需要的服务，这样才能与用户进行适时、适当的沟通，从而促进用户转化与回流。同时，我们也需要加强信息安全防护，防止数据泄露。

精准的数据是销售的基础，真实的数据是决策的前提。如果我们能将自有数据进行沉淀，就可以通过用户视图更准确地了解用户需求，并将产品信息和优惠活动精准投放给有需求的用户，为用户提供舒适、便利的个性化服务。这样就能极大地提升用户活跃度，增加公司盈利点。

4.2.3 全方位作战：分工以及授权

在数据分析与销售部门专注提升用户体验的同时，公司其他部门也需要精准分工与授权，从而实现公司的全方位运营战略。例如，让市场团队致力于市场调研，确定公司未来的发展方向；让运营团队致力于用户运营，促进用户形成品牌认知；让研发团队致力于产品升级，进一步形成品牌优势。

这时，对不同部门、不同员工进行合理分工及授权，无疑可以提升员工的工作效率，增强他们的归属感和责任感，最终实现公司的规模化管理。在给员工授权时，我们应该注意以下几点。

1. 合理分工，权责一致

有效授权需要以合理分工为基础，这就要求我们综合评估团队中每个成员的业务能力和职业素质，并根据每个人的特点，把最适合的工作交给他们，充分发挥他们的潜力。

在分配工作时要避免重复，切忌出现简单工作多人负责，复杂工作无人负责的情况。同时，权责一致是授权的前提，我们需要让每个人都了解自己的任务、权利和职责，并给予他们相应的支持。

2. 专注决策，适当放权

优秀的管理者不仅要正确控权，更需要适当放权。他们往往专注于对公司发展方向的决策，将目标拆分、委派给各个部门，而非事事亲力亲为。

实际上，将权力下放也是对员工能力的认同，放权后再频繁督察就是对员工的不信任，容易引起员工的反感。同时，阻碍一个人犯错，在某种程度上就是阻碍了他的成长。给员工提供更大的发挥才能的空间，能充分激发员工的潜能。

将权力交给那些有能力的员工，不仅可以帮助员工快速成长，还能减轻管理层的压力，让管理人员将工作重心转移到事关公司长远发展的事务上来，从而产生更大的效益。

4.2.4 人力资源规划：善用全局性思维

人力资源规划，即将公司内部各类人力资源进行统筹调度，具体来说，就是根据公司的发展规划和市场环境，对公司的人力资源进行培养、配置的过程。这个过程，需要我们善用全局性思维，将视线从细节转移到整体，在对公司情况了然于胸后，再进行规划、分配和执行。全局性思维可以帮助我们精准切中要害，并保证我们的决策有利于公司整体利益。

在团队管理中，通过团队管理画布，我们可以清晰地了解哪里是需要重点关注的部分，哪里是亟待解决的部分，从而更有针对性地进行人力资源的规划。如图 4-2 所示，涵盖了团队管理中 90% 的内容。

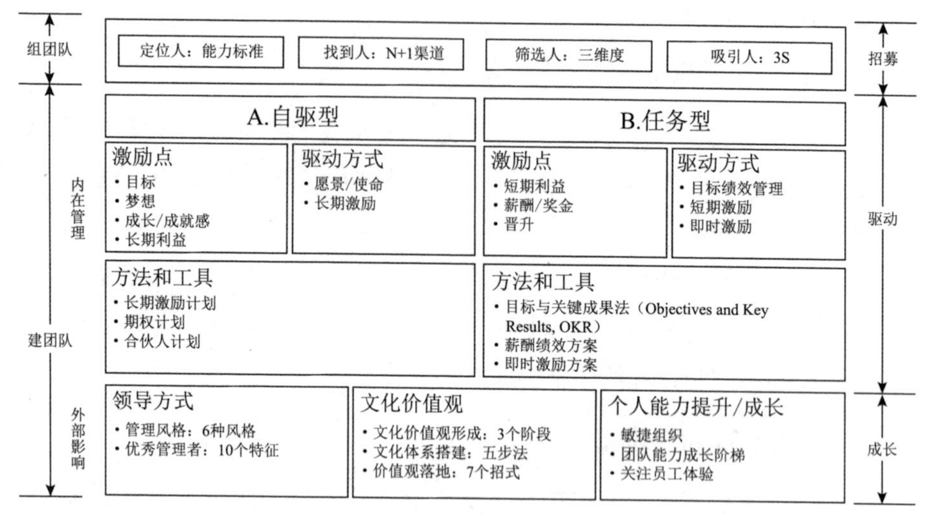

图 4-2　团队管理画布

这张团队管理画布主要分为以下几部分。

1. 团队招募

这是团队管理画布的第一个模块，内容十分简洁，即在团队招募过程中应该怎样定位、寻找、筛选、吸引人才。

2. 团队驱动

这个模块涉及如何有效驱动员工，让整个团队目标一致，协同完成任务。主要驱动方式根据员工类型分为两种。自驱型员工对团队的整体发展目标存在认同感，而任务型员工只是将工作视为任务。我们可以有针对性地设置激励点，采用相应的驱动方式和激励工具。

3. 外部因素

这个模板包括领导方式、文化价值观、个人能力提升三部分。

采用不同的领导方式管理同一个团队，会得到截然不同的结果。我们同样应该注意自己的领导风格，努力提升自己的领导水平。

团队文化对于整个团队的风气至关重要。“文化”不再是一个空泛的概念，它已经成为管理的最高境界，每一家公司的发展壮大都离不开公司文化的支撑。因此，如何搭建文化体系，如何将团队文化渗透到每个员工的生活中，是我们必须考虑的问题。

越来越多的员工希望自己能够在团队中获得个人能力的提升，因此，我们需要注重员工的工作体验，为每位员工设置不同的成长路径，这样也可以有效提升他们的团队认同感。

人力资源规划是公司总体战略规划的重要部分，它将公司发展与每个员工紧密相连。随着人才竞争越来越激烈，公司的人力成本也不断上升，全局思维可以极大地提升公司人力资源的利用率，充分发挥每个人的价值。

4.3 后方支撑：为“前线”工作提供保障

制度及业务流程的规范化，可以稳固公司的根基，为公司决策的顺利执行提供保障。这也就需要我们建立健全公司机制，实现业务流程化，保障管理层的决策力度，充分发挥顶层设计的优势，实现资源调度的最优化。

4.3.1 机制设置：责权利机制+运营监控机制

责权利机制与运营监控机制可以在合伙人层面为公司提供有效支撑。既然是合伙开公司，那么每位合伙人都应该对公司负责，并参与运营和管理。合伙人之间的任务不明晰，就容易出现推诿扯皮的情况。对于公司而言，建立责权利机制和运营监控机制是推动自身发展的保障性因素。

顾名思义，这两项机制的作用是规范创业合伙人之间的责任、权利，并在运营过程中进行监控，从而使公司稳定发展。我们可以根据每位合伙人的贡献分配权利，让他们在享有更多权利和利益的同时，也要承担更多责任。但贡献是看不见、摸不着的，这就需要我们掌握量化贡献的方法。

李强、张文斌、王明辉、钱军在大学毕业之后共同创立了一家技术公司，他们各自的角色如下。

（1）发明人员（李强）：领域内公认的引领者，有较强的综合能力。

（2）商务人员（张文斌）：为公司带来业务，为员工充实行业知识。

（3）技术人员（王明辉）：发明人员的得力助手。

（4）研究人员（钱军）：因为某些契机开始创业，目前不会为公司做出太大贡献。

在缺乏相关经验的情况下，他们很可能将股权进行平均分配，即每人得到 25% 的股权。但这样的结果并不公平，按照责权利机制，我们应该对每个人做出的贡献进行量化，按照从 0 分到 10 分的等级打分。

对于技术公司而言，比较重要的贡献有 4 种，分别是创业点子、商业计划书、领域的专业性、担当与风险。不同的贡献还需要有不同的重要程度（单位：级），如表 4-2 所示。

表 4-2　贡献的重要程度

贡献	重要程度	李强	张文斌	王明辉	钱军
创业点子	7 级	10 分	3 分	3 分	0 分
商业计划书	2 级	3 分	8 分	1 分	0 分
领域的专业性	5 级	6 分	4 分	6 分	4 分
担当与风险	7 级	0 分	7 分	0 分	0 分
资金	6 级	0 分	6 分	0 分	0 分

首先，罗列出每个人的贡献，将每个人的分数与贡献的重要程度相乘，计算出一个加权分数。然后，将每个人的加权分数加在一起，得到一个总分数，根据总分数占比判定股权比例。最后，对股权比例的合理性进行检查，确认其逻辑无误后，便可以正式投入使用。

根据这种方式对每个人的贡献进行量化，就不会出现责、权、利不明晰的现象。在此基础上，我们可以设置运营监控机制，动态监控这种分配方式的实际使用情况，督促合伙人承担相应的责任。

这项运营监控机制同样适用于帮助管理层厘清公司各部门的责任分工，从而改善公司管理。明确由谁监控、由谁分析、向谁汇报，使这项运营监控机制常态化。这样，管理层就能够方便快捷地了解公司的整体运营状态，出现问题后也可以迅速发现并解决。

4.3.2 法人治理模式与决策体系

法律为公司赋予人格，使其拥有了相应的决策与管理能力，法人治理模式是现代公司制度的核心。如今，公司主要由股东会、董事会、监事会、经理层共同治理，每部分掌握不同的权力，公司决策也因此形成层级结构。

股东会是第一层次，也是公司的最高权力机构；董事会是第二层次，由股东会选举产生，通常会对公司的重大经营活动进行决策；经理层是第三层次，由董事会聘任，是公司日常事务的决策与执行机构。监事会作为公司的监督机构，通常情况下并不涉及公司决策。

公司法对这四部分的产生、组成、职权、行事规则等做出了详细规定，这是法人治理模式的法制基础。我们在建立公司法人治理模式时，也应当遵循以下原则。

1. 法定原则

由于存在相关法律法规，当涉及公司投资人、管理层、经营者、监督者的基本权利和义务时，凡是有法可依者，都应当遵守相关法律的规定。

2. 职责明确原则

法人治理模式要求我们明确每个层级的分工，保证各层级各行其职、各负其责，避免出现权力交叠的现象，从而影响其他层级职责的正常行使，甚至导致整个治理模式无法发挥相应的作用。

3. 协调运转原则

法人治理模式的各层级需要紧密结合共同运行，只有各层级间协调配合，才能保证整个模式高效运转，更好地实现公司治理。

4. 有效制衡原则

法人治理模式还要求各层级间、各利益主体间相互制衡，避免一家独大，从而损害其他层级或利益主体的利益。

由此可见，法人治理模式并不只是一种公司治理模式，还涉及公司运作机制和管理层分工与制衡等诸多问题，通过设置法人治理模式，公司可以得到妥善治理，并维持高效运转。

4.3.3 设计合理的业务流程与管控模式

将公司业务流程化可以最大限度地提升员工的工作效率，合理的管控模式则可以有效避免制度放松，让全体员工遵循同一行事原则，降低管理层决策压力，提升其管理效率。

在进行业务流程设计时，首先要明确该业务的范围，可以用流程图的方式呈现出来。此后，我们还要根据市场需求、实践结果与公司目标对业务流程进行灵活调整。

例如，某家公司需要针对采购部门进行业务设计，我们就可以将采购业务简单分为订单管理、库存管理和物流作业三大系统，并将创建订单、锁定库存等基础流程进行总结，这样就可以在承接新业务时立即投入使用，如图4-3所示。

在此之后，我们就可以从顶层开始，由粗至细，逐层分解。当然，未必每一项流程都可以细化为更低层次的流程。比如，“创建订单”可以细化为价格核对、库存检查等，“锁定库存”则没有进一步拆分的必要。

业务流程设计完毕后，相应的管控模式也需要尽快落实。因为在公司运作过程中，非常容易出现制度的放松。尤其是规模较小的公司，由于人际关系简单，对员工的管理通常会宽松得多。长此以往，业务流程的推行也会变得困难，非常不利于公司的进一步发展。我们可以通过以下步骤建立管控模式。

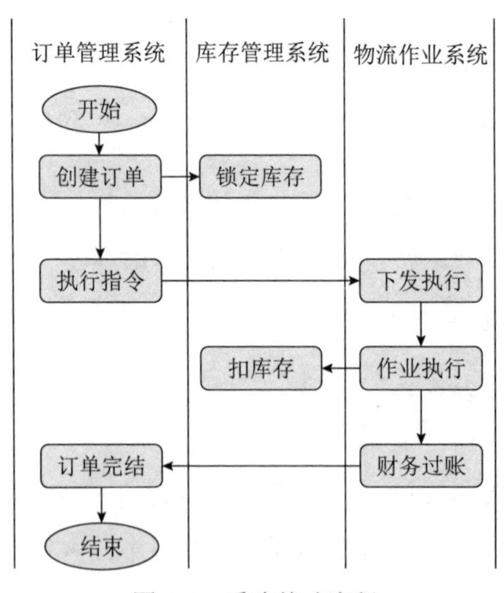

图 4-3　采购基础流程

首先，明确管控模式的目标框架。一家公司的市场定位、经营重点、战略目标、多元化程度等因素，共同决定其管控模式。因此，我们需要整体评判公司的资金、资源、人才、技术等，并由此确定公司的基础模式。

其次，梳理各部门职责。基础模式可以作为确定各部门职能的依据，在这之后，我们便需要对该模式进行审视，即在各部门充分发挥其职能的情况下，我们是否可以利用它促进公司战略目标达成。

最后，对管控模式进行调整。修改那些可能会阻碍公司发展的部分，保留那些对公司发展有利的部分，调整后的管控模式便会与公司更加契合。多次调整后，便可以得到最有效的管控模式。

第5章

商业模式：从百万公司到千万公司

要想实现品牌崛起，首先需要一套科学的商业模式。如果在与用户建立良性链接后，始终没有优质的商业模式做支撑，那么这家公司很难真正发展壮大。优质的商业模式可以实现公司可持续发展，持续提升公司盈利能力，帮助公司资产由百万级迈向千万级。

通过对各大公司实战经验的全面分析，本章将从模式类型、运作逻辑、创新方式等方面对商业模式进行全面解析。

5.1 优质商业模式大盘点

从产品研发、生产到营销推广，每一个环节都关系到创业项目能否顺利进行。因此，我们应当明确产品的商业模式以及营销策略。互联网时代的商业模式多种多样，下面归纳了五类优质的商业模式，我们可以据此对公司的商业模式进行进一步完善。

5.1.1 长尾型商业模式

长尾型商业模式的核心在于少量多种地进行销售，将多项小额销售数据进行汇总，得到同样可观的收入。这种商业模式的运作要求少量的产品能及时被需求用户获得，因此对库存成本及平台实力有较高要求，其商业画布如图 5-1 所示。

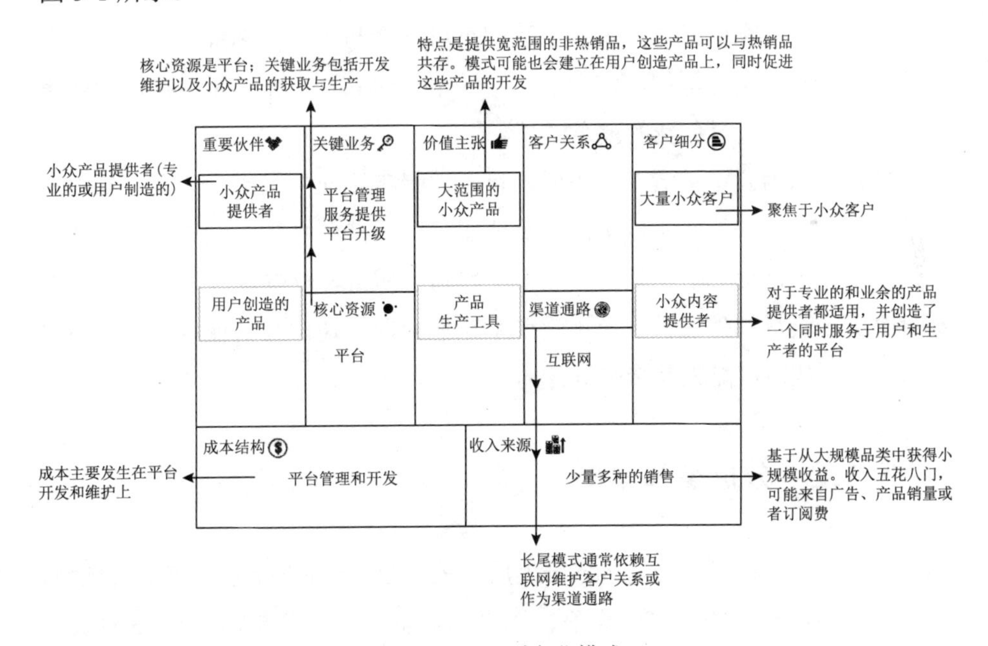

图 5-1　长尾型商业模式

乐高玩具就在使用长尾型商业模式。随着玩具行业竞争加剧，乐高推出了乐高工厂，开始尝试通过用户创造内容的方式实现销售增长。用户可以通过名为“乐高数码设计师”的软件，利用数以千计的组件设计玩具的主题、场景、建筑，甚至玩具套件的外包装也可以由用户自己设计。乐高工厂让每一位用户都可以参与到乐高的设计中，这一举动极大地带动了用户的消费热情。

这些产品多为私人定制版，每组套件的订货量都不高，其意义在于扩展了现有的产品线，这部分收入相对于乐高的销售总额不值一提，却对乐高的经营战略产生了重大影响。如今，乐高正在调整现有资源及现有业务，或许再过不久，长尾模式就将替换乐高现有的传统市场模式。

实际上，只要公司可以覆盖足够多的发行渠道，长尾模式就可以与大多数公司的发展战略兼容。除了乐高玩具之外，亚马逊图书、余额宝、淘宝网等都在运用长尾模式，其单笔交易金额都不大，但这些资金累加后，则会形成巨大的营业额。

刚起步的中小型公司并不适合直接套用长尾模式，但我们可以将其背后的逻辑运用到公司运营管理之中。

在公司没有额外流量渠道时，我们可以选择与美团、淘宝等第三方平台或者周边产业合作。例如，许多餐厅与停车场建立了合作关系，在店消费满一定金额就可以获得免费的停车时长。

当我们想为公司扩展新业务时，可以选择丰富业务品类，为公司增加多元化的盈利渠道。那些零成本的产品或服务可以持续累加。例如，许多便利商店都设置了话费充值、快递代收等免费增值服务，这样就可以在不增加成本的情况下获得额外的营收。用户前来充值或取快递，会与便利商店产生更多的接触，从而可能为其带来额外的营收。

5.1.2 分拆型商业模式

分拆型商业模式将公司事务分为用户关系型、产品创新型、基础设施型，每种类型都由不同的经济、竞争、文化规则驱动（见表 5-1）。这 3 种类型可以共存，但很可能因为相互制衡而出现不必要的冲突或消长。

表 5-1　三种公司事务的对应规则

	用户关系型	产品创新型	基础设施型
经济规则	关键在于形成范围经济，即从每个用户手中获取较高的份额，从而节省用户开发成本	关键在于速度，即较早地进入市场，从而获得较高的溢价及较多的市场份额	关键在于形成规模经济，即提高产能或降低产品的单位成本
竞争规则	范围之争，即少量的大公司主导市场	能力之争，即大量的小型公司并驾争先	规模之争，即少量的大公司主导市场
文化规则	以用户为核心，坚持用户第一的原则	以员工为核心，坚持呵护创意新星	以成本为核心，坚持产品标准化、生产效率化

拆分后的 3 种模式的商业画布如图 5-2、图 5-3、图 5-4 所示。

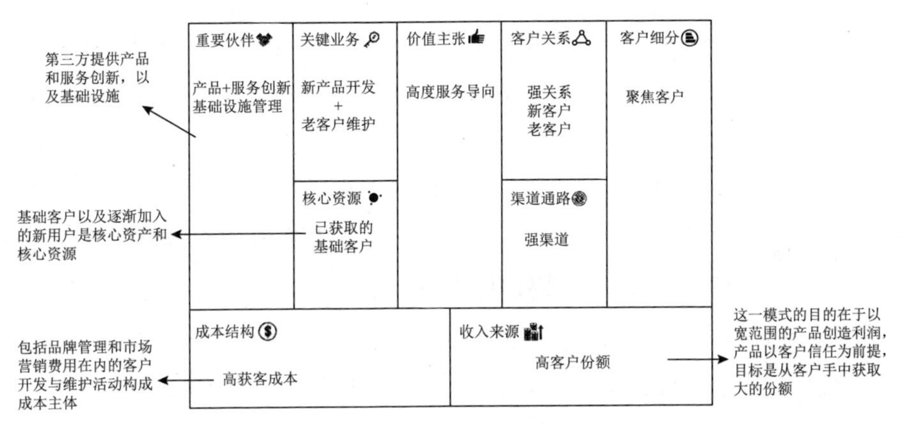

图 5-2　用户关系型模式

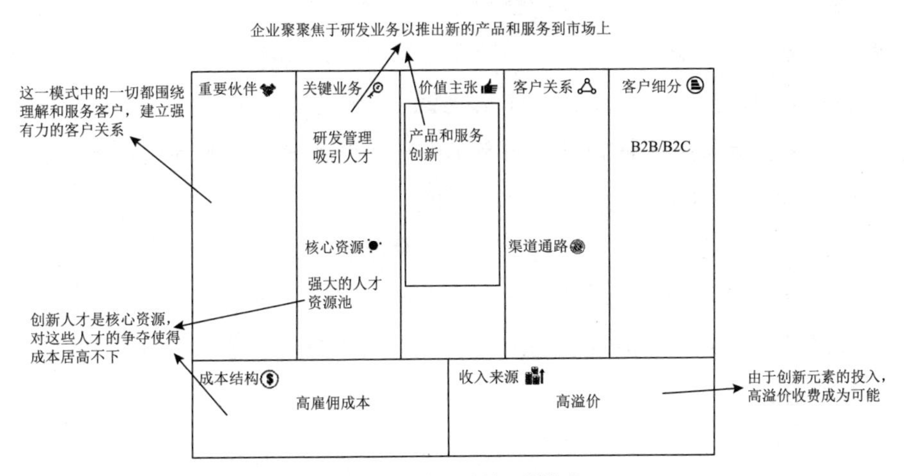

图 5-3　产品创新型模式

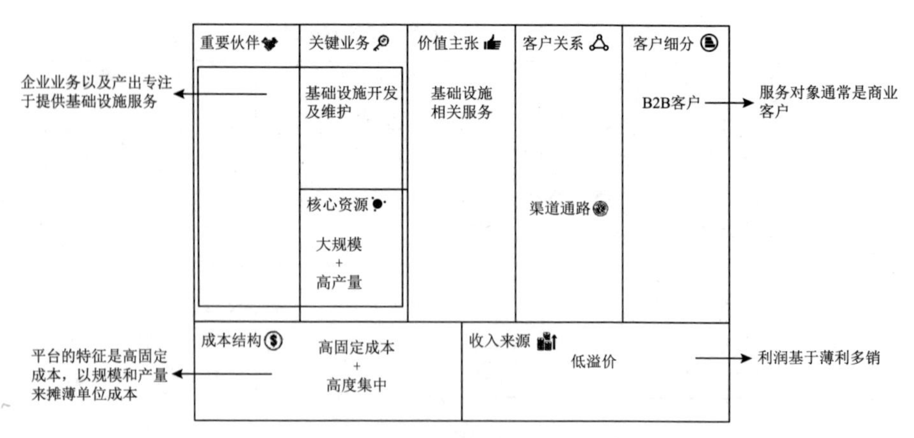

图 5-4 基础设施型模式

随着行业的变化，移动通信行业认识到自身的核心资产已经由网络变为用户，他们开始将自有业务进行拆分，逐渐分化为 3 种不同类型的服务供应商。

在将业务进行拆分后，许多公司将提供用户服务作为自身的核心业务，成为电信运营商。这类公司在过去通常会投入大量资本进行用户的获取与维护，在专注用户服务后，也能快速提升单个用户的贡献率。巴蒂电信是最先采用这种商业模式的公司之一，它将网络运营业务交由西门子网络公司负责，将基础设施交由 IBM 公司负责，自己则专注于构建用户关系。如今，巴蒂电信已经成为印度电信行业的领军公司。

还有一些公司致力于产品创新业务，转变为规模较小、具有较强创新性的内容供应商。这类公司通常会与第三方平台在诸如游戏、视频、音乐等媒体业务方面进行合作，瑞典的 TAT 公司就是个中翘楚。这家公司专注于为移动设备提供更高级的界面设计，首部 Android 设备 HTC G1 的用户界面就是由 TAT 公司设计的。

除此之外，还有部分公司将网络运营及维护等基础工作作为自身的核心业务，发展为电信设备制造商。这类公司可以同时为多家电信运营商提供服务，并通过这种方式形成规模经济，从而以更低的成本进行网络运营，实现盈利的提升。

5.1.3 免费型商业模式

免费型商业模式是指通过免费的产品或服务吸引用户，然后再通过增值服务等方式获取利益的商业模式，主要有产品免费、广告收费和产品免费、增值服务收费两种模式，这两种模式的商业画布如图 5-5、图 5-6 所示。

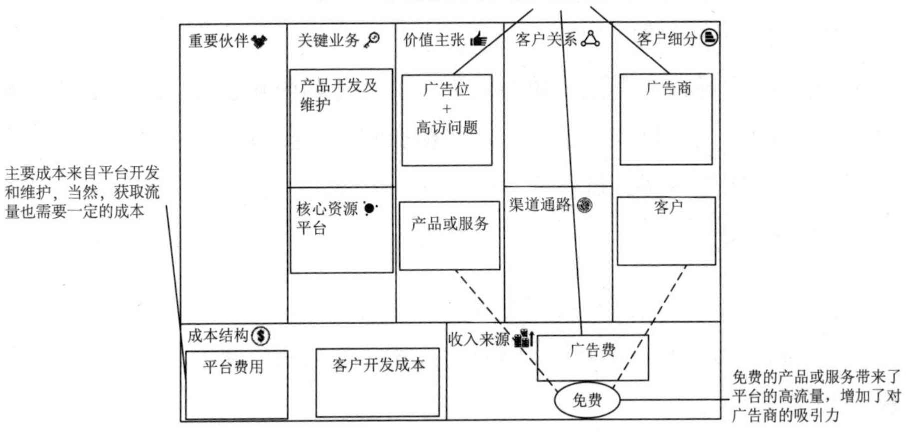

图 5-5 产品免费、广告收费模式

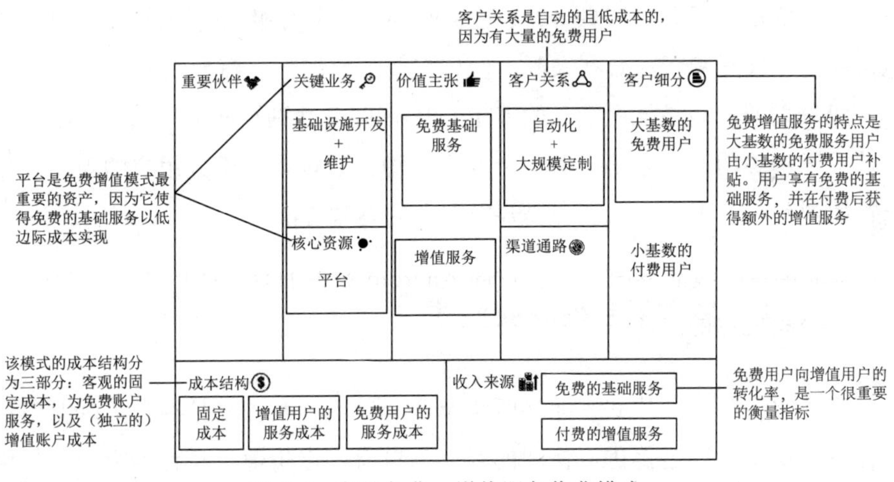

图 5-6 产品免费、增值服务收费模式

如今，使用免费型商业模式的多为资讯公司，新浪、网易、今日头条等资讯公司每天都会为用户输送大量的信息。这些资讯公司的盈利来源主要有以下 3 种。

1. 广告费用

除了电商公司以外，资讯公司也可以通过为广告主打广告的方式收取一定的费用。以新浪为例，其网站页面上就有各种各样的广告，广告主需要为这些广告支付一定的费用。

但是，我们经营的资讯公司不能为了获得盈利而随意打广告，必须注重自身形象，确保广告投放的精准度，严格控制广告数量。如果公司网站页面上广告过多，非常容易引起用户的不满。

2. 渠道分成

大部分资讯公司的网站页面上都会有订阅功能，在人们选择订阅栏目的过程中，资讯公司可以通过类似出租的方式帮助某些订阅栏目做宣传，然后获得一定金额的分成。

3. 拓展电商业务

一些资讯公司因为信息丰富、运营时间长，拥有极大的用户流量，这时，他们就会积极开发新的盈利来源，例如将业务拓展到电商上面。

很早之前，网易就已经开始涉足 O2O，并在网站页面上增加“发现”入口，用于和美团、京东等电商的合作。这种做法以牺牲部分用户的观感为代价扩大盈利，但也不失为一个提升影响力的有效方法。

5.1.4 多边平台型商业模式

多边平台型商业模式，即将两个及两个以上相互独立且存在关联的用户群体进行链接，通过促进群体间的互动为自身创造价值。平台能吸引到的用户数量越多，越能为自身带来更大的价值提升，其商业画布如图 5-7 所示。

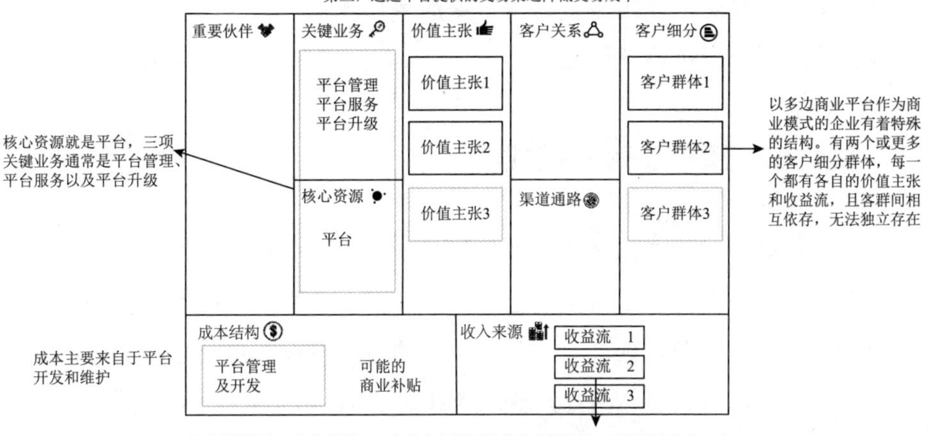

图 5-7 多边平台型模式

广告是多边平台型商业模式的主要盈利渠道，有以下两种方式。

1. 提供用户引导

为第三平台提供用户引导的方法有很多，许多拥有巨大用户群的超级App还会将自己建设成一个平台。以微信为例，微信的钱包功能里有大众点评、京东优选等第三方平台的入口，微信用户每次从微信入口进入其他产品，甚至细化到是否产生了购买行为，这个产品都需要给微信付费或者分成。在这个过程中，微信基本主导了付费的标准。

诸如淘宝、大众点评、应用市场等自有平台的产品，则会通过竞价排名的方式直接为商家导流。用户看到的搜索结果并不完全随机，淘宝后台会根据自己的算法以及用户对商品显示规则的限制计算排名，那些前后展示位以及左右侧广告位都是商家花钱购买的。

2. 出售广告位

用户打开App时的全屏广告、App最下方窄窄的小插屏都是广告位的不同形式。第三方平台会根据自身需求选择相应的付费方式，比如按展示次数付费、按用户点击次数付费、按用户下载安装或购买次数付费等。

谷歌就是采用多边平台型商业模式的典范，其主要收益来自为广告商提供的极具针对性的文字广告。当用户使用谷歌搜索引擎时，这些广告就会在搜索结果附近显示。使用谷歌搜索引擎的用户越多，谷歌能显示的广告就越多，就能为广告商及自身创造更大的价值。

5.1.5 开放型商业模式

开放型商业模式适用于那些能够与外部合作伙伴相互配合，从而让公司内部资源和技术发挥更大价值的公司。开放型商业模式主要分为由外而内、由内而外两种，即公司内部尝试外部提供的技术方案，以及公司向外部输出闲置状态的技术或资源。两种商业画布如图 5-8、图 5-9 所示。

由于扩张速度过快，宝洁公司的股价曾持续下跌，时任宝洁公司高管的雷富礼临危受命，成为新任 CEO。为振兴宝洁，雷富礼建立了一种创新文化，即通过建立战略伙伴关系促进公司内部的研发工作。不到 7 年时间，宝洁公司与外部合作伙伴联合研发的产品提升至研发总量的 50%，虽然总体研发成本略有提高，但研发生产率出现了高达 85% 的增幅。

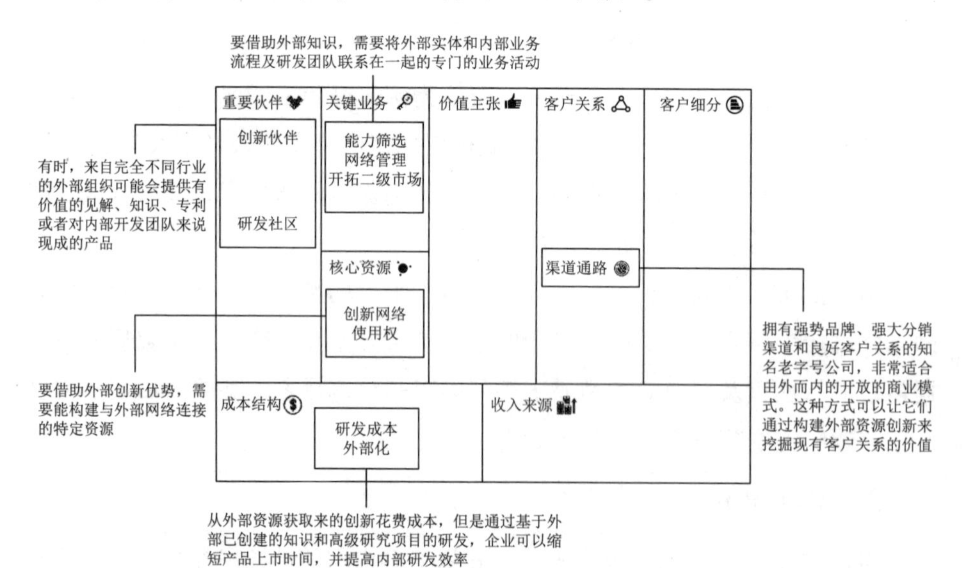

图 5-8　由外而内的开放型模式

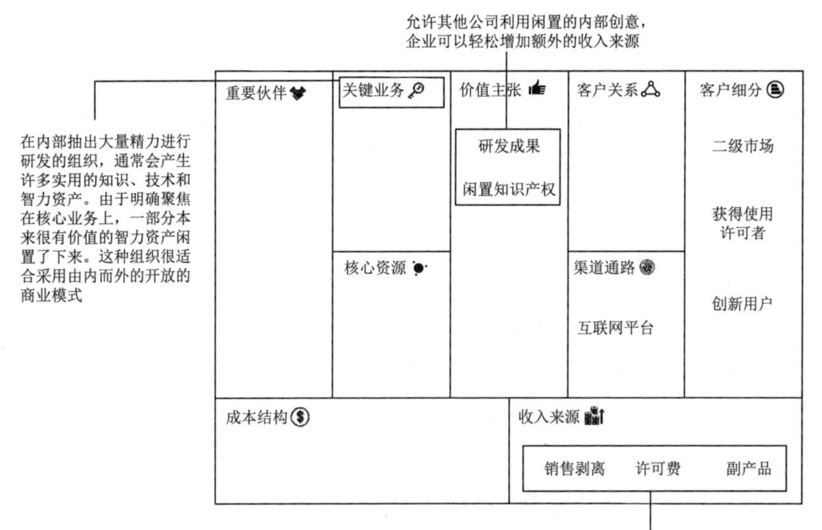

图 5-9　由内而外的开放型模式

为实现雷富礼的战略构想，宝洁公司推出了专门用于发布公司遇到的研发难题的互联网平台，将公司内外部的技术专家进行连接，若专家成功解决这些问题，则可以获得相应的现金奖励。

与宝洁公司不同，葛兰素史克公司选择了由内而外的开放型模式。这家公司致力于提升发达国家的药物获取率。为此，他们将公司研发出的药物专利投入对外开放的专利池中，让每一位研究人员都有机会参与药物研发。由于葛兰素史克公司主要依靠畅销药物盈利，这也导致了大量病症专利被闲置，这些未被深入研究的专利被悉数投入专利池中，极大地提升了相关药物的研发速度。

5.2　商业模式运作逻辑

商业模式，即公司与公司之间、公司与渠道之间、公司与用户之间的连接方式，其本质可以视为公司的资源、技术、形象等综合作用后形成的交易结构，这个交易结构会随着各因素的提升而趋于稳固，同时也会不断创造新的价值。聚焦、共享、链式结构都是商业模式的基础运作逻辑。

5.2.1 聚焦：化繁为简与高段位放弃

许多人在为公司设计商业模式时喜欢将简单的事情复杂化，似乎商业模式越庞大就意味着越完善、越能形成竞争壁垒。落实到实践中我们就会发现，为公司添加新业务非常容易，但能将纷繁复杂的业务合理删减，将资源聚焦到公司的核心业务上并不容易，但唯有如此才能让公司在激烈的市场竞争中立于不败之地。

孟子云“人有不为也，而后可以有为”，说的也是同样的道理。我们知道在某个阶段可以不做什么，才能将时间与精力聚焦于更重要的事。只有化繁为简，战略性地放弃那些不必要的业务，才能实现公司更为高效、有序的运作。

德国超市奥乐齐是将自身业务化繁为简的杰出代表。其开店初衷只是为了满足二战后人们最基本的生存需要，因此，奥乐齐与其他大型超市的经营理念有所不同，他们放弃了大多数品类，专注于经营食品及最基本的日常用品，且只经营少量而固定的品牌。这种经营模式也帮助奥乐齐与许多优质供应商建立起友好互信的合作关系，极大地降低了他们的进货成本。

即使规模在不断扩张，奥乐齐也没有偏离经营重心，在人员管理、产品包装、营销推广等方面节省了大量的运营成本。例如，用户在使用购物车时需要缴纳 25 美分租金，当用户将购物车退还后，租金也会直接退还，这样便无须设置管理购物车的岗位，从而节省了大量的人力成本。

这种想尽办法节省运营成本，为用户提供低价产品的经营理念恰好与零售高质低价的本质相契合。如今，奥乐齐已经从一家小小的食品店发展成世界驰名的折扣连锁超市，在全球范围内拥有 1 万余家分店，每年的销售额超过 700 亿美元。

近些年的网约车大战也同样体现了聚焦的运作逻辑。为占据市场份额，滴滴 APP 的使用体验、预约服务、用户反馈等高段位功能都被放弃了。这种运作模式也成功为滴滴确立了行业地位，帮助滴滴实现了快速增长。在获得竞争优势的情况下，滴滴也开始进行产品优化，努力提升用户体验。

这种策略思维的核心是将有限资源集中用于攻克最重要的目标。但在使用时，要求我们综合考量公司内部的利益矛盾及外部市场环境的变化趋势。

5.2.2 共享：强强联合，引爆盈利

随着互联网经济的飞速发展，一种全新的“共享型”商业模式对人们的生活产生了重要影响，颇受资本青睐。在过去几年间，共享单车、充电宝、纸巾机等共享类产品层出不穷。我们对那些大规模的共享类公司进行了深入研究，将其运作经验总结为以下几点。

1. 挖掘充盈且“稀缺”的资源

共享型模式实行的前提是个人用户无法使用那些处于闲置状态的资源。以此为前提，我们便可以发现那些可利用的资源通常有3种特性，即充裕、稀缺、标准。

充裕，即市面上存在大量闲置或盈余的资源，便于获取。稀缺，即该资源由于存在信息差或流动性较差等原因，相对于个人用户较为稀缺。标准，即该资源具有统一标准或能快速达到统一标准，这样在后续的生产过程中，我们便能迅速进行业务模式的复制，实现快速扩张。

2. 激发网络效应

在共享经济时代，互联网将供应与需求之间的联系无限放大，人们可以通过网络将自己闲置或盈余的资源提供给需要的人，这种供求关系使得相应的资源在网络上无尽循环，产生惊人的利润。我们也应该充分发挥这种正向的跨边网络效应，为自己的产品吸引更多用户。

在构建这种网络效应的过程中，有许多优秀的经营策略值得我们借鉴，如补贴策略、双边转换策略等。但还有一个重要的问题需要我们思考，即先吸引供应边的用户，还是先吸引需求边的用户，抑或同时吸引双边用户。这3种方式各有利弊，不同的选择会对公司发展产生不同的影响。

3. 引爆用户规模

在成功构建网络平台后，我们就需要持续吸引用户，降低平台发展的不确定性，从而引爆用户规模，实现产品的快速推广。那么，我们该如何吸引用户，又该如何避免用户流失，快速引爆用户规模呢？

如果我们以吸引供应边用户为主，那么就可以通过地推积累首批用户，

再通过快节奏的测试与迭代，充分利用既有平台资源，实现低成本的用户获取与留存。如果我们以吸引需求边用户为主，那么就可以口碑营销为主，辅以免费、新奇、沉浸式体验等策略，实现用户的快速增长。

在用户积累到一定规模后，我们的经营重点也就转变为如何绑定用户。因此，我们需要不断提升用户体验，通过建立社群、组织线上线下活动等方式，与用户建立更紧密的联系，从而增强用户的依赖度与归属感，避免用户流失。

4. 维护用户信任

咨询公司普华永道曾发布过有关共享经济的调研结果，其中 80% 的参与者表示，共享经济让他们的生活变得更加美好，69% 的参与者表示，他们并不相信共享公司能始终如一地提供共享服务。因此，维护用户对产品的信任感也能帮助我们在同类产品中脱颖而出。

例如，向用户展示公司的综合实力，严格把控公司产品质量，设立问题处理与解决的专业机制，为用户支付、安全保障等关键环节设置相应的配套措施等，都可以提升公司的品牌信誉，增强用户对公司及产品的信任感。

5. 满足供需高效的匹配

如今，市面上大多数的共享经济由公司保留产品所有权，将产品使用权提供给用户实现盈利。这种情况极易造成小范围内的供求关系不合理。比如共享单车，因为用户通常处于移动状态，非常容易造成某些区域产品过多，其他区域产品不足的情况。

因此，如何定位用户需求，科学、合理地进行产品投放，是共享模式的一大难题。要解决这个难题，我们就需要建立筛选机制，画出用户分区图。此外，还可以为用户提供让步选项，最终更高效地实现需求匹配。

尽管无数公司都为我们践行了共享模式的可行性，但不得不承认，许多行业的共享模式仍处于起步阶段，其发展趋势及演进路径还等待着我们进一步探寻。值得注意的是，这种模式并不是投资入口或套现手段，我们应该以用户体验为核心，利用共享模式创造更大的服务价值。

5.2.3 链式结构：价值链+用户链+行业链

价值链、用户链、行业链，其实是公司看待自身业务的不同视角，它们与资产闲置率、用户流失率、利润流向率一一对应，在充分了解这3根链条后，我们就可以为公司构建更为科学的商业模式。

只有分清每根链条的起点与终点，我们才能更好地加以利用，如图5-10所示。

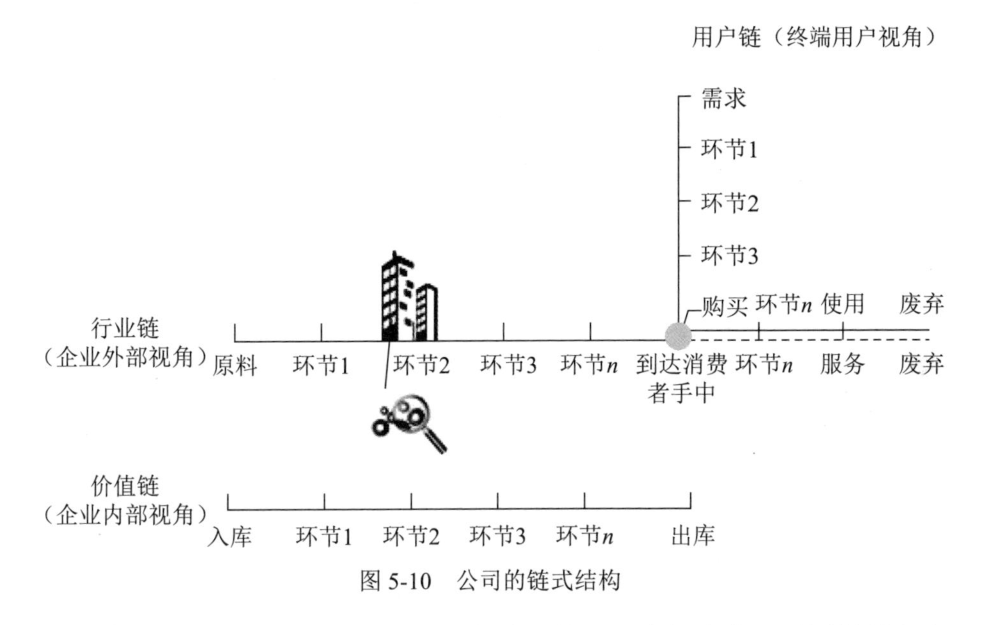

图5-10 公司的链式结构

从图5-10中我们不难看出，价值链即从公司内部出发，以原材料入库为起点，以产品出库为终点，是3根链条中最短的。用户链即从用户从发，以用户需求为起点，以用户购买为终点。行业链即从整体行业出发，以原料购入为起点，以用户废弃为终点，是3根链条中最长的。

价值链能够帮助我们发现公司内部的闲置资源，值得重资产类公司重视。

航空公司的资产以飞机为主，是典型的重资产类公司，因此，飞机使用率直接决定公司的盈利水平。中国国航公布的最新运营数据显示，2021年第一季度，其平均客座率为72.4%，日均飞行时长为9小时。将这两个数据相乘后，我们就可以得到一架飞机满客时的日均有效飞行时间约为7小时。

从价值链角度出发，我们不难发现，每架飞机的使用效率不足30%。或许有人会从各方面论证飞行时间较短、客座率较低的合理性，但我们无法否认客观存在的资源浪费问题，这也是价值链最大的意义。在了解公司的真实运作情况后，我们便可以避免资源闲置情况的发生，实现资源的价值最大化。

用户链能够帮助我们发现用户潜在的需求，值得用户导向类公司重视，其使用难点在于我们难以忽略熟悉的思考逻辑，真正站在用户的角度反思产品及服务的效果。

传统的酒店一般通过电话处理用户的订房需求，等到用户抵达后登记入住。这个业务流程本身没有什么问题，但从用户角度出发，就会发现大部分住房需求是由旅游、探亲、出差等行为延伸过来的，我们无法通过上述流程等来这部分用户。我们可以根据用户需求，例如，对于那些前来旅游的用户，就可以从源头出发与旅游社团、旅游景区进行合作，填补其中的空白区。

行业链能帮助我们发现行业整体的利润流向，值得生产工业中间品的公司重视。

如今，生产工业中间品的行业竞争非常激烈，因为他们的用户对价格的敏感程度高于品牌，同时交易频率不固定，单次交易资金流量大。当我们了解公司的行业链后，就能看到许多被忽略的问题或新兴环节，这也方便我们提前进行战略布局，快速抢占市场份额。

例如，某家具公司的主营业务是为酒店提供配套家具，通常情况下，我们会认为交付产品就是这次合作的终点，其实不然，这家公司与酒店的合作完全可以维持到这家酒店倒闭为止。从行业链角度出发，这家公司可以为酒店的每个经营环节提供相应的配套服务，如以旧换新、定期保养等。

在这3根链条中，从自身出发的价值链最简单易行，而需要我们把握用户需求、判断行业趋势的用户链及行业链则需要经过大量的试行与总结。当然，如果我们可以将3根链条打造成链式结构，形成价值链、用户链、行业链的通路，便能挖掘出更大的价值空间。

5.3 创新商业模式，衍生新资本

随着时代的变化，我们已经不能单纯地依靠收入或规模判断一家公司是否优秀。如今，公司采用的商业模式决定了它能达到的高度。在充分了解五大优质商业模式及它们背后的运作逻辑后，我们就可以针对公司现有商业模式的劣势进行改良创新，从而衍生出新的资本，为公司创造更大的价值。

5.3.1 瞄准行业中的高利润区

许多中小型公司在运营方面存在非常多的困惑，诸如管理流程混乱、内部分工不合理、产品开发效率低下等。究其根本，在于公司没有明确自身定位。如果我们能够瞄准行业中的高利润区设置公司的战略方案和商业模式，不仅能有效规避上述问题，还能在付出同等努力的情况下，为公司带来更高价值的回报。

目标用户群的价值越高，往往意味着公司能获得越多的利润，因为用户的收入水平与消费理念会对其消费水平产生影响。我们可以对公司的用户进行分层，从高消费群体的角度出发，将他们的目标需求与公司的产品和服务相结合。

一家没有明确定位的设计公司，可以为用户提供海报设计、网页设计甚至户外广告设计等服务。从表面上看，这家公司似乎具有极强的专业能力，可以同时涉猎很多方面，但实际上，这家公司在海报设计、网页设计等低利润区投入过高，公司的整体业绩并不理想。

目前，海报与网页设计市场相对饱和，而且收费不高，用户对这两项服务的价值感知不强。通常情况下，一张海报可以为公司带来1000元的收益，一个网页能为公司带来5000元的收益。因为在用户心中，海报与网页的设计并不复杂，购买这项服务不能让他们感觉物有所值。

但有趣的是，用户往往愿意为设计过程更简单的Logo投入更多的资金。对用户而言，Logo的意义更为重大，使用范围更广，使用年限更久。因此，Logo设计就是设计行业中的高利润区。

其他行业也是如此。由于不同的行业投入产出比相差巨大，“选择 > 努力”的情况比比皆是，行业中不同的细分领域具有较大收入差距的原因，就在于各细分领域对应的利润等级不同。瞄准行业中的高利润区，可以有效帮助公司减轻业务负担，并为公司创造更多的收益。

5.3.2 对业务结构进行合理调整

尽管许多公司已经建立起较为完善的业务结构，并为它们制定了相应的配套措施，但仍有不少公司始终无法达到理想的运作状态。究其根本，就是现有业务结构与公司经营现状不匹配，无法及时发现并解决运作中的问题。

由此来看，在为公司建立业务结构后还要做好评估与优化，对业务结构进行合理调整，具体可以从以下几个步骤着手。

1. 选择评估对象

公司内部存在众多的业务结构，但如果我们对每一项业务都进行评估，势必要花费大量的时间与精力。通常情况下，我们只需选取那些较为关键的业务，例如，与盈利或核心竞争力有关的业务、成熟度相对较低的业务、绩效波动大且容易出现失误的业务。

2. 描述评估对象

在描述评估对象时，我们需要标明每项业务的执行或负责岗位，每项业务的具体内容、预期目标与执行范围，这样可以提升后期的调整及落实效率。除此之外，还应选用简单、规范的评估工具。

3. 提炼评估指标

在评估过程中，我们还要以业务的科学性、实用性为评估原则，根据实际情况提炼出相关指标，进一步监控并分析每项业务的运行情况。

4. 优化流程现状

在提炼出评估指标以后，我们就可以收集相关数据，通过对相关数据进行横向与纵向的比较，进一步掌握业务现状，深入调查哪一个环节需要进行调整，并以此为基础提出相应的优化方案。

要想突破发展瓶颈，我们就必须充分了解公司的战略架构，保持竞争优势，降低运营成本。这就要求我们合理调整公司现有业务结构，从全局角度出发，使公司的业务结构为公司的战略模式提供最大化支撑。

5.3.3 打造商业生态系统闭环

受到各种技术接连兴起的影响，许多行业都发生了不同程度的革新与颠覆。如今，不少公司致力于对组织架构进行重塑，打造商业生态系统闭环。

商业生态系统闭环是什么？海尔董事长张瑞敏认为是员工的共同进化。在海尔，商业模式的作用不是“造小船”，而是“拆航母”，即内部经营单元开始向小微化、项目化发展，利用分布式管理实现流程化运作。

随着时代的发展，越来越多的公司将打造商业生态模式闭环作为公司的发展口号，似乎只要这样，就相当于一只脚迈进了未来。但实际上，打造商业生态系统闭环远不止喊出一个概念那么简单，要想像海尔那样获得实绩，还要考虑公司的具体情况。

2019年7月，伦敦商学院（LBS）战略与创业学院教授迈克尔·雅各比德斯到访海尔，与张瑞敏探讨了海尔商业生态系统的闭环结构。张瑞敏说，如果海尔原来算是一艘航母的话，现在把航母拆掉，就变成了很多很多的小船，这些小的军舰自己去寻找出路，在寻找出路的过程当中，就可以实现自我驱动，相互比较靠近的，再合成一个舰队，这样就组合成不同的舰队。”

由此我们不难发现，海尔的组织结构看上去很松散，但实际上各个“小军舰”拥有属于自己的权力，可以自我驱动，去寻找正确的方向。对此，张瑞敏表示：“真正的生态是共同进化，没有人去组织，是需要他们自己看到市场用户的需求，以用户为中心，各个相关方，包括集团之外的，组成一个可以增加价值的组织，我们称之为增值分享。”

在成功打造商业生态系统闭环后，公司便能够适应用户需求、市场趋势、时代导向等多方面的变化，同时还能实现边际收益递增。这种闭环型商业生态系统，在保持各经营单元高度自主性的同时，可以将其无限细化，并由此促进员工与公司之间的协同，最终形成动态的非线性平衡。

第6章

利润增长：扩大公司的盈利空间

如今的市场日新月异，公司想要实现利润增长，除了不断优化产品和服务，使其满足用户需求外，还可以从公司内部出发，扩大自身的盈利空间。在本章中，我们会介绍如何通过盈利规划、成本管理拓宽公司盈利渠道，最终扩大公司的盈利空间。

6.1 反映公司盈利能力的指标

经营业绩是判断公司优劣最基本的标准，公司的盈利能力越强，其业绩也就越好。长期、健康增长的业绩，可以推动公司股价稳定增长。

许多创业者都知道营收增长率与净利润率是公司业绩的关键指标，但实际上，光靠这两项无法判断一家公司的盈利能力。一家优质的公司，其各项盈利指标都会长期处于理想状态。主营业务净利润率、销售净利润率与毛利润率、净资产与总资产收益率等指标，都可以反映公司的盈利能力。

6.1.1 主营业务净利润率

我们普遍会把利润视为收入与成本的差值，但在实际的财务核算中，利润计算远没有看起来这么容易。

通常情况下，公司的盈利主要来自其主营业务，主营业务的盈利能力可以直接反映公司整体的盈利情况，主营业务利润率也因此成为判断一家公司盈利能力的重要指标。

主营业务利润率是公司在一段时间内主营业务利润与收入净额的百分比，其计算公式如下：

主营业务利润率 =（主营业务收入 - 主营业务成本 - 主营业务税金及附加）/ 主营业务收入 ×100%

这项指标最能体现公司在经营活动中的盈利能力。对一家公司进行主营业务分析，可以充分了解该公司产品成本、营销推广、经营策略等方面的情况。这项指标高，就说明该公司产品定价科学、成本控制合理、营销策略得当，其主营业务水平突出，具有强大的市场竞争力。

通常情况下，主营业务的利润在利润总额中占比最大，公司的投资收益、其他业务的利润、营业外收支的比重则较低。如果公司出现非常规情况，我们就要立即进行分析调整，将公司运营拉回正轨。

6.1.2 销售净利润率与毛利润率

销售净利润率，即销售收入中净利润所占比率，可以直接反映公司每次销售收入带来的净利润，是公司销售收益水平的表现。其计算公式为

销售净利润率 =（销售收入 − 产品成本 − 各项期间费用 − 税金）/ 销售收入 ×100%

通过对销售净利润率的评估，我们可以直观地了解到销售额扩大后公司是否获得了相应的利润。因为公司的推广、成本、管理等费用，都会随着销售额的扩大同步增加，这时公司净利润就很可能出现暂停增长甚至负增长。

在分析这项指标时，我们可以将连续几年的数值进行纵向对比，从而得到公司近几年的发展趋势；也可以将指标数值与其他公司或同行业的平均数值进行横向对比，从而判断该公司的市场竞争能力。

销售毛利润率与销售净利润率相似，区别在于前者忽略了税收、管理成本、销售成本、财务成本等其他成本，其计算公式为：

销售毛利润率 =（销售收入 − 产品成本）/ 销售净收入 ×100%

这项指标可以用公司的利润表计算得出，常用于分析公司主营业务的盈利空间及变化趋势。我们可以通过该数值的波动发现公司运作中的问题，并及时分析解决。此外，我们可以通过它了解公司经营情况，判断公司的核心竞争力，选择公司的投资方向，做出更多有利于公司发展的决策。

而在不同行业中，毛利润的差别很大。例如，酒水类、生物医药类公司的毛利润很高，因为其产品的成本相对售价而言非常低；而煤炭、钢铁等重工业公司每天都存在机器的运营成本，其毛利润自然很难提升。

毛利润是净利润的基础，对于上市公司而言，净利润率代表盈利能力，会直接影响公司的股价。基于此，如果一家公司没有足够高的毛利润，其吸引投资的难度会上升。

6.1.3 净资产与总资产收益率

资产，即能为公司带来经济效益的资源，通常分为流动资产和固定资产。负债，即会导致公司经济利益流出的现时义务，通常根据偿还期限分为短期

债务和长期债务。二者的差值即为公司的净资产。

净资产收益率即净利润与净资产的比值，又称股东权益报酬率，计算公式为：

净资产收益率＝净利润 ÷ 净资产 ×100%

这项指标体现了公司使用原有资本获得收益的能力，如公司股东的资金使用效率等，从而反映该公司的盈利能力。公司产品的竞争力提高或公司的运营效率提升，会带动销售利润及资产周转率的提升，净资产收益率也会随之提升。

在对该指标进行分析时，通常会参考5～10年内的数据，同时与上一小节介绍的毛利润率与净利润率不同，净资产收益率的综合性极强，可用于跨行业对比。

想要提高净资产收益率，可以通过增加净利润或者降低净资产的方式实现。在净资产收益率零增长的情况下，某些公司会通过加大现金分红率的方式提高其数值。值得注意的是，如果一家公司的利润增长始终低于5%，那么大比例的现金分红只能勉力维持，无法为公司带来经济效益。

许多公司会由于自身负债较多而导致净资产收益率虚高，这时就需要我们使用总资产收益率对其进行评估。总资产收益率即净利润与总资产的比值，计算公式为：

总资产收益率＝净利润 ÷ 总资产 ×100%

这是衡量公司盈利能力的重要指标，也是判断公司是否需要负债经营的重要依据。其数值越高，表示公司的竞争实力和发展能力越强。

我们在分析公司的净资产收益率时，最好同步查看其总资产收益率，因为二者的差距可以反映出公司经营的风险程度。将二者对比分析后，我们做出的决策会对公司发展更有利。

6.2 盈利规划：驾驭资本的手段

盈利是公司的终极目标，盈利模式决定了公司的发展前景。想要实现盈利，我们就要从公司内部出发，通过做好预算、提高客单价、财税规范化、公司去规模化等方式进行全方位的盈利规划，更好地驾驭资本，让资本成为公司发展壮大的重要动力。

6.2.1 做好预算，提前明确未来的盈利点

在创业初期，有的创业者会因为产品销量止步不前而萌生放弃的念头。出现这种情况是由于没有整理财务数据，没有进行盈利规划，只看到公司表面的花销，而忽略公司日益降低的成本及日益扩大的规模。提前做好预算，可以帮助我们明确盈利节点，了解公司真正的经营状况。

做预算其实就是确定公司花销范围的过程。例如，某公司今年的总预算为2000万元，如果年中清算时发现花销已经逼近2000万元，就说明公司出现了严重的经营问题。对应到部门也是如此，如果我们给采购部门设置的预算比往年低10万元，采购人员就会努力压缩采购价格，填平其中的差距。

我们可以通过做预算的方式抓大放小，明确各部门的权利。在预算框架内的事，交由负责人自行决定，这样也可以极大地降低高层的决策负担。要想做到抓大放小，就需要在做预算过程中做好下面两个动作。

（1）合理授权。在做预算时，明确各部门及其负责人的权利范围和职责范围，尤其需要明确他们在预算框架内的权利及超出预算应承担的责任，这部分界定得越清晰，他们的执行效率就越高。

（2）绩效匹配。没有绩效机制匹配的预算并无实际意义。我们应该将预算执行与绩效激励和绩效评估相关联。这样可以调动员工的积极性，更好地压缩成本。

除此之外，预算的确定依托于第二年的年度计划，因此在某种意义上可以倒逼管理层制定更细致的发展规划。做预算迫使管理层将公司发展中可能遇到的问题进行预估，并在此基础上充分讨论，由此得到的应对方案也会更有指导意义。

不仅如此，一份具有指导意义的预算，还可以将各个部门整合起来，确保所有人在为共同的目标而奋斗。例如，在某次活动中，我们需要将成本控

制在20%以内，达成后会给每位员工发放绩效奖金。这样就可以将所有员工的力量凝聚起来，保证高效工作的同时，还可以有效节约成本。

当然，为公司做预算需要花费不少的时间与精力，按季度做预算不仅可以节约精力还可以及时调整。在公司进入停滞期时，我们还可以根据预算使用情况了解公司的实际经营状况，明确未来盈利节点，提振管理层信心。

6.2.2 适当提高客单价

客流量、客单价和成交率都可用于衡量产品销售情况。其中，客单价指每位用户的平均交易额。我们可以将销售额简单地视为客流量与客单价的乘积，在客流量短期内难以提升的情况下，提高客单价是实现盈利增长最有效的方法，其本质就是让每位用户单次消费更多的金额。客单价通常由以下几个因素决定。

1. 门店的铺货情况

销售场景会影响用户购物。例如，大卖场、超市、便利店相比，大卖场内产品的铺货量最大、品类最全，超市其次，便利店最次。因此同样的零食在大卖场的客单价可以达到60～80元，在超市能够达到20～40元，而在便利店只有8～15元。

2. 品牌商品定位

在销售场景相同的情况下，由于不同品牌的定价不一样，其客单价也会出现差异。例如，某商场的A品牌零食套装售价380元，B品牌相似套装售价128元。或许B品牌的销售数量会更高，但在客单价的作用下，A品牌的营业额会显著高于B品牌。

3. 品牌促销活动

在品牌产品促销时，用户通常会倾向于用优惠价格购入更多的产品。我们可以利用这种消费心理，通过品牌的优惠活动促成用户购买，从而提高客单价。

4. 产品的关联组合

根据关联性可将产品划分为同品类、相近品类、跨品类和跨大类，我们可以将产品根据关联性进行组合，从而提高客单价。例如，将婴儿的食品、衣服、玩具进行组合，虽然横跨了三个大类，但这种组合十分符合用户的消费习惯。

在了解影响客单价的因素后，我们就可以充分利用这些因素提高产品的客单价。

对于同类产品，我们可以采用降价促销、捆绑销售或举办买赠活动等方式提高客单价。对于不同类产品，我们可以通过上述案例的方式，将产品进行组合，从而带动异类产品的销售。在这个过程中，我们要考虑产品的关联性，利用产品的相似性或互补性拉动用户的购买行为。

如果公司的信息化程度足够高，我们也可以对产品的销售数据进行分析。例如，分析各品类在不同季节、不同节日的销售情况，从而建立产品与节日的连接，进一步引导用户消费；了解各品类的销售趋势，有意识地提升产品的品类档次；创建完善的会员系统，建立会员个人消费行为画像，实现针对性营销。

最后，我们还要实时更新产品信息，频繁制造消费热点，向用户推广当期的最新产品、热销产品、促销产品，将客单价的提高常态化。

6.2.3 规范化的财务和税务

不管一家公司是否准备上市，规范的财务和税务都有助于公司生存与发展。对公司财务进行规范化管理，管理层便可以清晰地了解全公司的财务情况，从而有效提高经费使用效率，提升财务综合管理水平。

在实际操作中，财税规范化的核心在于以下几点。

1. 经费管理科学化

没有严格的经费管理办法，就无法对公司财税实现严格管控。规范的财税一定要建立在真实的资金流动的基础上，同时还要由不同部门进行审核，并保留相应的审核记录。

公司的各项支出都需要全方位评估，严格控制预算。在获得审批之后，由财务部门根据资金情况下达支出计划。此外，我们还可以建立奖惩制度或考核制度，进一步提高经费的使用效率。

2. 费用管理制度化

想要实现规范管理，我们首先需要为相关人员制定经费管理制度，对于资金、账务、票据、文件、支付凭证等，均制定完善的管理或审核制度，从而规范财务部门的工作流程。例如，完善的票据管理制度，需要严格按照票据的使用环节建立管理账簿，将所有票据分类入账，及时记录并由经手人签字确认。

对于突发性经费，需要由财务部门和业务部门共同监督，行政手段和经济手段相结合，严格控制经费支出，实现经济效益的最大化。

3. 业务建设规范化

除建立费用管理制度外，我们还需要按照业务类别细化规章制度。例如，严格落实凭证登记制度，保证各项凭证及时、准确入账；完善财税资料管理制度，将各类资料分类摆放、定期整理；加强电算化管理制度，保证计算方法科学、快速。

4. 队伍建设专业化

打造专业化的团队是一项长期工作。除加强思想政治建设外，我们还应该努力完善培训机制，并进行严格的业务考核，全面提高员工的思想素质和业务能力。

当然，我们还需要根据公司所处行业、业务特点、实际反馈等因素进行更科学的流程设计。有了规范化的财务和税务管理后，我们便能更好地实现利润的最大化。

6.2.4 利用去规模化促进利润增长

将近几年公司经营情况与行业发展形势相结合，我们不难发现，去规模化已经成为各行业发展的必然趋势。但很多创业者仍存在疑虑，担心去规模化会降低公司的盈利能力，实际上，适度降低产能非但不会影响公司的竞争力，还有利于公司进行结构调整、产品升级等战略改革。

如今，经济增长逐渐放缓，市场供求关系发生根本性变化，用户不但需要产品具有功能性，还希望它可以满足自己个性化、差异化的需求。因此我们需要对公司的盈利模式、品种结构等进行调整，使产品快速适应变化的市场环境。

同时，主动去规模化，也为公司的技术创新、结构优化带来新的机遇。

首先，规模已经不再是衡量公司价值的唯一标准，各行业追求规模效益的发展路径逐渐走向尽头。适度降低产能不仅可以帮助公司更好地发展，也给许多重工业行业释放其装备能力提供了充足的空间。在去规模化时代，他们可以将精力集中于提升产品质量，从而充分解放公司装备技术的潜力。

其次，去规模化可以扩大公司的盈利空间。在去规模化过程中，我们应该把握行业发展态势，提升公司资源配置能力，加速推进公司及产品的转型升级。结合新能源、新产业甚至互联网模式，为公司打造更为多元化的发展路径。

最后，去规模化能够极大地推动公司的结构调整，包括资源的重新配置、流程管理、产线管理等，全面整合公司多年积累的技术、人才、资源，并从内部着手，打造与之相适应的机制。例如，组建用户服务中心，通过用户高端化服务倒逼产品升级，从而颠覆传统的管理模式。其核心是通过对公司资源的重新配置，实现“去行政化”，挖掘一个流程最短、资源配置最优的制度。

在某种意义上，去规模化是经济发展新常态下，公司主动颠覆传统思维模式，从而实现可持续发展的必经之路。目前，河北钢铁正在实施去规模化战略，截至 2021 年，其品种钢的产值比由 41% 提升到 70%，高端战略产品的产值比由 13% 提升到 54%。在加强精炼钢铁的主业的同时，河北钢铁还将延伸产业链作为发展主线，实现产业链衍生资源的深度加工与利用，培育和发展非钢产业，加快实现公司的结构转型。

我们也应该抓住产业重组的机遇期，主动参与行业资源再配置，在激烈的行业竞争中占据优势地位。

6.3 创造多元化的盈利渠道

在产品研发或推广营销进入瓶颈期时，拓宽盈利渠道就成为扩大盈利空间最有效的途径。随着互联网科技的发展，旧的商业模式逐渐被新的商业模式取代，我们可以从商业模式设计角度出发，从以下方面着手为公司创造多元化的盈利渠道。

6.3.1 科学的定价=丰厚的盈利

价格策略要在保证公司和用户共同利益的基础上，随着市场的变化进行调整。公司在制定产品的第一次价格前，首先要明确定价目标，然后根据需求、成本和定价方法来确定价格。定价的方法主要有3种，即成本导向定价法、竞争导向定价法、顾客需求定价法，我们可以根据产品具体情况进行选择。

1．成本导向定价法

成本导向定价法是根据单个产品的成本加上预计的利润来定价的方法，这是最常用也是最基本的定价方法。

小米手机的主要定价方法就是成本导向定价法（如图6-1所示）。图中将小米手机各个环节的成本一一列举，计算出总成本，再依据总成本定价。

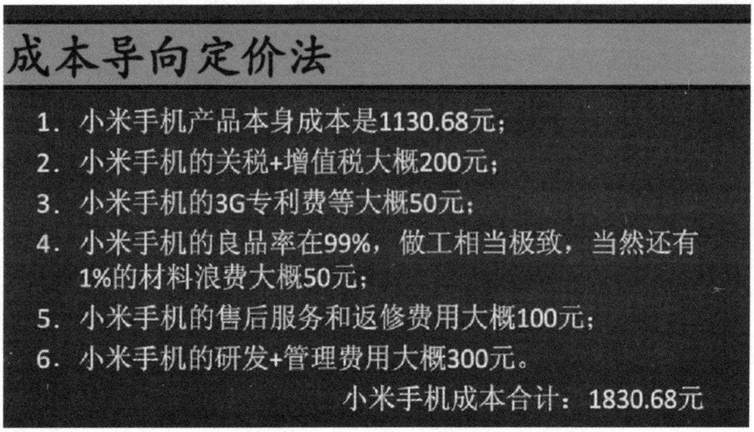

成本导向定价法

1. 小米手机产品本身成本是1130.68元；
2. 小米手机的关税+增值税大概200元；
3. 小米手机的3G专利费等大概50元；
4. 小米手机的良品率在99%，做工相当极致，当然还有1%的材料浪费大概50元；
5. 小米手机的售后服务和返修费用大概100元；
6. 小米手机的研发+管理费用大概300元。

小米手机成本合计：1830.68元

图6-1 小米手机定价方法

这本质上是一种由卖方决定价格的定价方法，在一定程度上脱离了定价目标，忽视了用户对产品的需求、行业竞争和平均价格水平等方面的变动，因此定价的合理性并不稳定。运用该方法时，要在以成本为导向的基础上，将市场竞争和需求情况一并考虑进去，这样制定的产品价格会更科学、更合理。

2. 竞争导向定价法

公司根据竞争对手的服务情况、生产规模、产品价格等因素，结合自己公司的实力制定产品价格，这就是竞争导向定价法，是基于公司之间竞争的一种定价方法。

根据竞争者的产品价格定价，其价格会随着竞争者的产品价格而改变，与成本和市场需求没有直接关联，只有竞争者的价格发生变化，产品的价格才会变化。

这种方法听起来也许不是那么合理，但通过其他经营手段的辅助，将自己的产品价格定在比其他竞争者或高或低的水平上，在一定程度上可以有效促进公司的长远发展。

3. 用户需求导向定价法

在现代市场营销理念中，用户需求是每个公司生产经营的核心，主要体现在产品、价格以及销售等方面。通过调查用户对产品的满意程度和市场供求情况来制定产品价格的方法，就是用户需求导向定价法。

以消费者对产品的需求来定价，与成本没有直接的联系，与用户需求是直接关联的。使用这种方法定价，最重要的就是把握顾客的需求，在定价前，公司应该先对顾客的需求情况进行调研，根据调研结果来决定产品价格。

不同公司的规模、经营战略、营销策略以及经济状况各不相同，这就导致适用的定价方法也不一样。公司在制定产品价格时要擦亮双眼，正确运用定价方法扬长避短，实现效益的最大化。

6.3.2 用户分层，为公司创造利润机会

用户分层是精细化运营的前提，其主要目的是对用户群体进行细分，更有针对性地实施运营策略，利用最小的成本挖掘最大的用户价值。

想要实现用户分层，需要我们立足于公司的业务模式和实际运营需求，初步构建出用户分层模型。我们通常按照分层维度的数量，将分层模型分为一维分层模型、二维分层模型、三维分层模型。

1. 一维分层模型

一维分层模型，即根据最核心的维度对用户进行划分，使用频率最高。如图 6-2 所示，左图以用户活跃度作为核心维度，构建出一个金字塔式的用户分层模型；右图以用户交易情况作为核心维度，构建出一个漏斗式的用户分层模型。

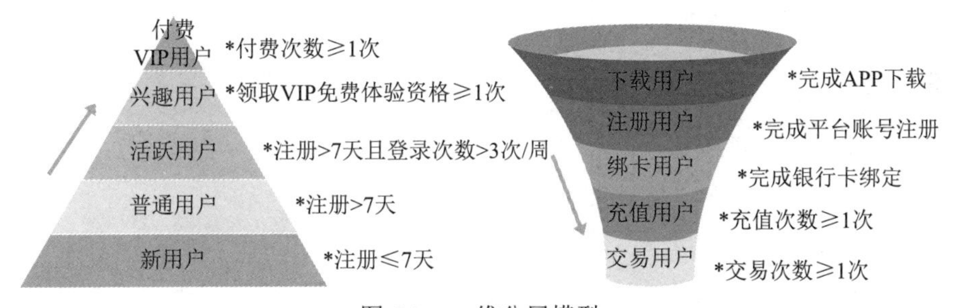

图 6-2　一维分层模型

在一维分层模型框架下，用户通常会沿核心维度进行迁移，用户的平台价值也随之提升，偶尔也会出现跨越层级的用户。例如，在金字塔模型中，存在注册未满 7 天的用户直接付费，从而跃迁到付费用户层的情况。

当然，我们还可以对每一层的用户进行进一步分层管理。例如，在金字塔模型中，最高层级“付费 VIP 用户”还可根据付费次数、付费金额、付费间隔等维度进行划分，从而实现 VIP 用户的差异化运营。

2. 二维分层模型

二维分层模型，即针对两个核心维度划分用户。增长—份额矩阵分析法又名四象限分析法，是最经典的二维分层模型，我们可以将用户的平台价值和维系成本作为核心维度，构建一个二维用户模型，如图 6-3 所示。

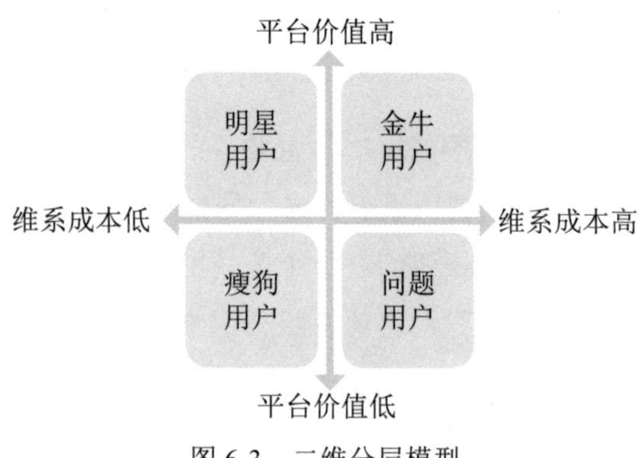

图 6-3　二维分层模型

二维分层模型的 4 个象限分别对应 4 种用户类型，即明星用户、金牛用户、问题用户和瘦狗用户。其中，明星用户的平台价值高，维系成本低，是值得我们重点关注的群体；问题用户的平台价值低，维系成本高，我们可以交由专业人员推动用户转化；金牛用户是公司的主要的盈利来源；瘦狗用户则需要我们战略性放弃。

该模型更适合电商平台使用，若想将它应用于其他行业，需要根据用户画像和业务场景进行调整。

3. 三维分层模型

三维分层模型是从三大核心指标入手为用户分层，即最近一次消费（Recency）、消费频率（Frequency）、消费金额（Monetary）。通过对这些指标进行分析，我们可以得到一个立体的三维用户模型，将用户划分为 8 个等级：重要价值用户、重要发展用户、重要保持用户、重要挽留用户、一般价值用户、一般发展用户、一般保持用户、一般挽留用户。这样公司就可以很好地衡量用户的价值与优势，并据此设计运营和推广策略。

此外，用户分层并不是越精细越有效，随着分层维度的增加，模型的结构也变得越发复杂，我们投入的精力与成本也就越多。因此，我们一定要充分考虑公司的实际业务，选择最有效的分层模型。

在成功构建用户分层模型后，我们就可以有针对性地实施运营策略，提升不同层级用户的业务转化率。同时，我们还可以根据用户的层级优化资源配置，将有限的资源更合理地投入业务运营中，为公司创造更多的盈利机会。

6.3.3 趣味性销售与创意销售

对很多公司而言，营销不是一件容易的事，在实际推广中我们总是会遇到反响平平的情况。对此，或许我们应该换一种角度，将销售的目的隐藏在创意中，让用户主动了解并接受产品。那么，我们应该如何进行创意销售，并得到用户的认可呢？

1. 销售方式的创意

借势、造势都是不错的方法，网易考拉将销售与传统节日相结合，在临近中秋节时推出“中秋下雨月饼免费”的活动，购买月饼礼盒的用户均可参加，如图 6-4 所示。

图 6-4 网易考拉的创意销售

网易考拉将最美天气的天气数据作为唯一标准，若中秋节当天晚上 8：00—9：00 订单收货地出现降雨，则可在官方账号申请退款。

2. 支付方式的创意

罗马尼亚音乐节 Untold 采用一种全新的支付方式，用“热血”支付。这种支付方式非常符合音乐节的气氛，吸引了大量音乐爱好者的关注。音乐节官方安排几辆献血车停在售票处，为那些前来献血的音乐爱好者发放门票。当然，并非所有门票都可以使用热血支付，他们严格控制兑换总数及个人兑换限额，对前来献血的每个人进行健康检查，避免意外发生。

这种支付方式也为血站带来许多好处，据不完全统计，当地年轻人只有0.2%参与过献血，这可以让年轻人更积极地参与到献血活动中。官方数据表明，在为期4天的活动中，共有35万人参加献血，爱好者们支付的“热血”可以挽救3192条生命。

3. 产品本身的创意

好玩、有趣的包装也是成本低、效果好的营销手段之一。可口可乐曾经结合流行语推出过歌词瓶、台词瓶、密语瓶，其营销不仅覆盖父亲节、母亲节等节日，还涵盖奥运会、欧洲杯、毕业季等重大事件。此外，可口可乐还曾经与罗马尼亚音乐节联动，将瓶身图案作为进入音乐节的凭证。

随着经济的发展，用户开始对产品有更高的要求。加强产品在创意与趣味方面的营销，可以满足用户在精神、理念层面的需求。这不仅可以为我们吸引广大的年轻群体，还让品牌形象在每一次营销中更加深入人心，从另一方面提升公司的行业地位。

6.3.4 复购多一次，效益多一点

如今，获取新客的成本持续增加，提升效益最简单有效的方式，就是引导用户复购，从而提升产品的整体业绩。而在引导用户复购之前，我们首先要认清用户流失的根本原因。

从宏观上来说，几乎每个行业都存在产能过剩、同质化严重的问题。用户的选择增多，购物需求也在发生变化，单一功能的产品很难满足用户的购物需求，他们更愿意为产品的附加价值埋单。

想要引导用户复购，我们就得转变经营思维，摒弃向用户介绍产品的传统思维，采用向用户介绍生活方式的新型思维。例如，我们向用户介绍服饰的时候，就可以在不同的场景展示服装的搭配效果，让用户感受到这些服饰能为自己带来生活方式或生活品质的提升，从而产生购买欲望。

这种方式的关键是将品牌IP化，与用户建立价值链接，从而利用品牌的价值观吸引用户复购。对于品牌而言，与用户建立信息链接也是非常必要的，这可以很好地实现实时触达，从而向用户推荐新品及促销活动，进一步引导用户复购。

品牌IP化需要我们投入大量的时间和成本进行运营，在此之前我们可以通过“三七二十一”回访机制提升用户体验，从而引导用户复购。

顾名思义，“三七二十一”回访机制即将用户购买或收到产品当日作为一个时间节点，在第3天、第7天、第21天分别进行回访。某家主营艾条产品的公司采用该回访机制后，其用户复购率高达95%。

在用户签收的第3天和第7天，公司的专业技师会打电话进行回访，询问用户是否开始使用，使用效果如何，是否需要具体指导等。这种简单的询问实用性高，成本较低，能给用户留下负责任的品牌形象，加深用户的品牌信任度。

因为艾条本身就是消耗品，在第21天，用户购买的艾条差不多该用完了，这时再进行回访，很容易激起用户的复购欲。如果我们在前两次的回访中成功与用户建立信任链接，复购率必定有所保障。

此外，使用该回访机制时，我们还需要注意收集用户反馈，及时改进产品与服务。对于那些复购率高、购入量大的高净值用户，我们要重点关注。我们可以为每个人建立用户档案，详细记录个人信息、购物信息及反馈意见，更好地为他们提供个性化服务。

6.3.5 参与数据共享，实现利润增长

随着互联网思维被引入各行业，数据已经开始由信息资源转变为生产要素。数据共享开始成为支撑公司发展的重要基础，我们也应该顺应数字经济发展的趋势，将用户数据作为战略性资源，首先推动数据在公司内部实现共享。

在需要员工协同运作时，我们可以使用故事墙、数据墙等线下数据共享工具，或者邮件、共享文件夹等线上数据共享工具，推动部门内或各部门间的数据共享。

1. 故事墙

故事墙更适合产品研发部门使用，通常分为计划、开发、测试、完成4部分，产品的每项需求以卡片形式进行展示，卡片位置越高，代表该需求的优先级越高。通过对产品需求进行梳理，整个项目的研发进度也变得一目了然。

需求卡片通常分为功能需求、技术需求、bug，如图6-5所示。不同类型的公司可以用不同颜色表示需求卡片的不同部分。例如，互联网公司通常用黄色表示功能需求，用蓝色表示技术需求，用红色表示bug。需求卡片包括需求内容、执行者和预计完成时间。

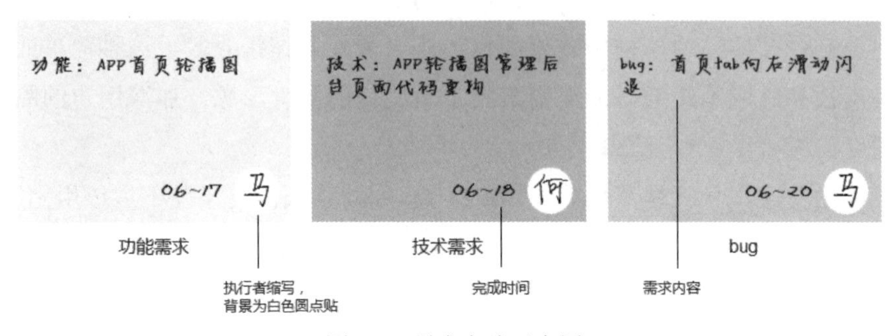

图6-5 需求卡片示意图

除了开发进度这种一目了然的信息外，我们也可以通过故事墙了解一些隐性信息。例如，计划区的卡片较少，说明产品需求数量和更新速度出现问题，需要由产品策划部门进行补充；当某项需求长期未被解决，则说明出现技术瓶颈，需要与相关部门进行沟通，明确是否需要加大资源投入，或者暂时放弃该需求。

2. 数据墙

数据墙更适合产品运营部门使用，它可以将反映产品运营状态的参数，如日新增、日活跃等进行展示。运营部门也可以根据产品类型或产品所处阶段决定参数类型。

数据墙可以由参数、日期作为核心维度，制成简单的二维数据表，我们可以绘制折线图表明数据的发展趋势，并绘制出目标量，以方便观察目标完成情况。数据墙可以培养员工关注产品数据的习惯，并增强其数据分析能力。

在运营过程中，我们也要将新发现的关键参数在数据墙上进行展示，并补充改版前后这些数据的表现，这样可以帮助我们更好地了解产品的突破点。

3. 邮件

因为邮件并不会对对方造成过强的干扰，同时又可以及时送达，所以非常适合用来共享那些大量或需要引起重视的信息，如会议资料及总结。但邮件的提醒功能较弱，因此在发送邮件后，我们应当通过即时通信工具提醒对方查阅。

在团队作业中，我们可以为同种类型的邮件设置统一的主题格式。这样，员工就可以快速归类处理邮件。

4. 共享文件夹

共享文件夹适合存放那些占用存储空间很大，或者不方便在线上修改的文件。前者包括 PSD 原稿、视频工程文件等，后者包括协作完成的 Excel 表格、Word 文档等。

这类文件并不常用，在需要时又很难被迅速传输，因此更适合在共享文件夹中存放，以方便随时取用。需要注意的是，我们只能在局域网范围内访问共享文件夹。

线下共享工具位置醒目，且可视化程度较高，但需要专人进行实时维护，同时单次可共享数据较少。线上共享工具则正好相反，共享数据较多，无须专门维护，但其可视化程度不高，而且需要员工主动进行查找。

在实际使用中，我们可以综合运用两种共享工具，降低数据共享的时间及资源成本，充分挖掘数据价值，全面提升公司的市场竞争力。

6.4 成本管理：赚再多钱也不能浪费

俗话说“钱要花在刀刃上”，这句话对于公司来说同样适用。几乎所有公司都设有财务部门，但并非所有公司都会严格控制资金的使用，由此造成了极大的浪费。如果我们一直放任不管，极有可能损害公司的整体利益。

无论是为了减少融资时的阻力，还是为了获得更高的效益，公司都应该对资金的使用，尤其是公司成本进行严格控制和管理。

6.4.1 从供应商着手削减成本

作为供应链中的重要一环，供应商关乎公司命脉，决定公司的盈利情况。然而，许多公司的供应链管理存在漏洞，由此造成了巨大的成本浪费。选用优质的供货渠道不仅可以减少公司的整体成本，还可以有效提升公司的竞争力，是公司拓宽市场、提高销售量的有效措施。在这种情况下，越来越多的公司认识到从供应商着手削减成本的重要性。

那么，我们应该如何进行供应商管理，才能实现可持续的成本节约呢？

1. 多方比价

对产品价格进行分析、了解产品成本结构的基本要素，是对采购人员的基本要求。如果采购人员不了解产品的成本结构，也就无法判断产品价格是否合理，同时也会失去许多降低成本的机会。

此外，公司不应该依据采购人员的喜好选择供应商。在进行供应商选择时：首先，我们需要设定正式报价的支出限额；其次，向多家供应商发出报价请求；最后，将供应商提供的价格与历史价格及支出限额进行比较。

多方比价能够确保公司获得最优惠的价格，为公司节约大量成本。

2. 供应商管理

我们需要制定合理的采购方针。理想的供应商是保证生产、提高经济效益的重要条件，提供原材料、辅助材料及配套设备的供应商都需要我们去慎重选择，选择不当不仅会影响公司产品质量和生产周期，还会影响公司自身信誉和经济效益。

在签订采购合同前，我们需要对供应商进行信誉考核，然后在合格的供应商中进一步挑选。供应商的考核可以从以下 3 个方面进行。

一是供应商的规模是否可以保证产品的生产进度；二是供应商是否有相应的资质和生产经营许可证；三是供应商的履约能力、技术、质量是否能满足产品要求，是否提供售后服务。

3. 采购合并

在采购过程中，我们可以将同类物品合并，从而进行更大规模的采购行动，这样还可以要求供应商给予价格折扣。这种采购形式对采购人员的谈判与整合分析能力要求更高，成本也能得到更显著的削减。

当然，我们不能只依赖于从供应商处降低公司成本，还需要从公司自身出发，多角度共同运作，从而实现成本的显著降低。

6.4.2 控制日常开销

要想最大化压缩公司成本，最重要的就是严格控制日常开销。初创公司控制日常开销的关键在于梳理支出费用项，去掉不必要支出，具体操作内容如图 6-6 所示。

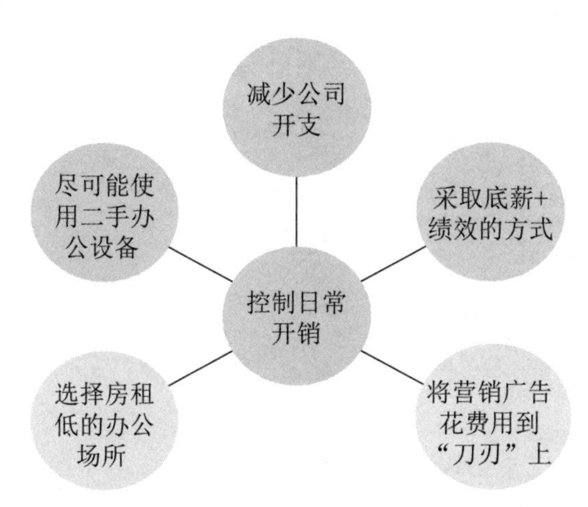

图 6-6　控制日常开销的具体操作内容

第一，选择房租低的办公场所。一般来说，初创公司选择办公场所应遵循价格便宜或交通发达原则。北京中关村创业大街有很多创业孵化器，他们提供的办公场所和行政服务比较完善，包括工位、公共会议室、前台、打印机等设备。当然，如果公司不需要频繁接待用户，那么在家办公也是一个能最大限度压缩成本的方法。

第二，尽可能使用二手办公设备。公司经营初期难免需要置办一些办公设备和日常用品，加起来也是一笔不小的花销。在不影响工作效率的前提下，我们可以通过租赁或采购二手设备的方式节省成本。

第三，减少公司开支。公司开支包括两方面，一是人力开支，二是行政开支。在创业初期，我们可以通过聘用兼职或者实习生的方式减少人力开支。同时，对公司行政支出也可以做出限制，例如鼓励员工绿色出行、节约水电等。

第四，采取底薪+绩效的方式。很多初创公司试图采用高薪策略留住人才，事实上这样不仅会增加开销，还容易使员工产生懈怠心理。员工工资可以采用底薪+绩效的方式发放，这样不仅能激励员工，还可以控制成本。而对于公司的核心人才，完全可以通过发放期权、股票等方式替代高额薪资。

第五，将营销广告花费用到“刀刃”上。我们可以通过微信、微博等平台进行高性价比的网络营销。这类推广方式的费用通常为千元级别，推广效果也不错。

总的来说，控制日常开销是为了获得更多的盈利。这需要我们对日常开销的重要性有清晰判断：哪些部分可以缩减开销，哪些部分需要提升开销，哪些开销可以直接砍去。只有将每一笔资金用到实处，才能最大限度地压缩成本，从而实现公司盈利空间的最大化。

第7章

品牌IP化：形象好的公司更值钱

很多创业者总想着依靠产品本身来吸引用户的关注，却忽视了品牌的重要性，而好的产品只有发展成为好的品牌才能产生更大的价值。对于一家公司而言，品牌是核心价值，用户的注意力永远是稀缺资源，他们可能记不住公司的名字，却会对某些品牌印象深刻。

用户在购买时首先考虑的就是品牌，所以做好品牌定位，实现品牌IP化，建立一个良好的公司形象，才是我们提升公司价值最有效的途径。

7.1 到底何为品牌 IP 化?

自“IP（Intellectual Property）”这个概念得到广泛传播，就有不少公司将 IP 的价值理念植入产品中，赋予它商业化的意义。对公司而言，IP 化是品牌打造的一种新方法。通过为品牌塑造鲜明的人格，与用户持续互动的方式，赢得用户的喜爱和追捧，这时就实现了品牌 IP 化。品牌并非都是 IP，但它们都可以被打造成 IP。

7.1.1 品牌IP化≠IP品牌

互联网改变了传统的营销方式，如今的公司都想通过品牌 IP 化的方式让自己的品牌获得更多用户的认可。

实现品牌 IP 化确实可以提升品牌的辨识度，增强其互动性、传播性，优秀的 IP 也可以实现精准触达，强化品牌与用户之间的连接。大多数公司在运作时总会将品牌 IP 化与 IP 品牌理解为同一个概念，其实二者有着明显的区别。

品牌 IP 化是通过内容输出、事件营销等方式，提升原有品牌的辨识度，从而提升其市场认可度。它的本质是一种信任机制，公司通常会通过这种方式展示自身的综合实力，降低用户的选择和信任成本。

IP 品牌其实更倾向于 IP 本身，在一个 IP 获得用户或市场的认可后便形成 IP 品牌，其核心在于输出的内容。它具备很强的情感色彩，可以引起更多的关注。

IP 的概念之所以会得到推崇，是因为它可以汇聚流量。越来越多的公司选择将品牌 IP 化，其实是为了获取更多的流量，从而提升产品销量，实现盈利最大化。IP 品牌则通过内容与用户产生价值链接，从而推广自身的内容、产品或服务，提供给用户的多为情感寄托。在实现品牌 IP 化后，我们就可以通过持续输出内容维持品牌的影响力，从而吸引用户购买产品。

江小白将年轻人作为用户群，其独特的语录引起许多年轻人的共鸣，“表达瓶”一经推广就引发了裂变式的社交分享。江小白也成功借助这次营销实现品牌IP化，提升了品牌知名度，从小众迈向大众市场。在实现品牌IP化之后，它还利用品牌的力量赋予IP更深层次的含义。我们也可以通过这种方式，让用户更好地接受产品，最终实现利润倍增。

7.1.2 简单的植入不属于品牌IP化

如今，相较于投入大量时间与成本打造自己的IP品牌，IP植入被许多公司视为实现品牌IP化的捷径。但实际上，直接植入对实现品牌IP化并无帮助，与其说它是一条捷径，倒不如说它是一种提升产品知名度的工具，而且只有运用得当时才会产生IP化效果。

2020年最受瞩目的动画IP当属小猪佩奇。它与全球多家顶级品牌达成合作，其衍生产品涵盖食品、服饰、电影、主题公园、教育中心等众多领域。许多公司希望通过与之建立合作关系，实现产品销量的大幅提升。但在此之前，还有许多问题值得我们思考。

对于那些实力强大的品牌而言，进行IP植入可以增加其趣味性、互动性和传播性，流量的最终落点是品牌本身。对于那些基础还不稳固的品牌而言，在投入大量资金购买IP使用权后，只会加强小猪佩奇这个IP的影响力，很难实现流量反哺。在潮流更新后，曾经提升的销量也会随之回落。

近年来，明星效应为许多品牌带来巨大的流量，越来越多的品牌希望通过赞助、冠名等品牌植入方式提升品牌影响力，但合作产生的流量、话题其实与品牌并无关联，无法将流量真正转化到品牌上来。品牌方只有根据影视情节、综艺环节等主动发起话题，将内容与产品有效结合，才能在不引起用户反感的情况下进行流量引导，让IP为品牌服务。

7.1.3 品牌IP化始于世界观设计

品牌是一种无形的、有情感价值的、富有号召力的象征，背后是公司核心理念和价值观，品牌的IP化始于创始人为其打造的世界观。随着消费水平的提升，用户对产品的需求也从物理层面转向情感层面，品牌认同的最高境界就是唤起用户认同的世界观。

我们在进行世界观设计时应该贯穿品牌战略、品牌定位、核心价值观、内容建设、公司领导，以及品牌推广中的许多方面和环节。

从事传统零售行业的星巴克为什么能在激烈的市场竞争中保持自己的优势并实现利润增长？答案就是用户认同星巴克的世界观。

星巴克董事长舒尔茨曾说："星巴克卖的不是咖啡，而是服务和体验。"这是星巴克从一个普通咖啡店，变成一个文化象征的重要转折点。星巴克具有一种"奢侈的民主化"，其咖啡的绝对价值并不高，但它象征着精致，代表着大都市中上阶层的生活方式，贵的不是每一杯咖啡，而是咖啡的象征。

之所以要从公司的角度确立并传播自己的"世界观"，是因为对用户而言，能将品牌认同持续下去，一定是建立在对这个公司价值观的认同基础上。这也就是很多品牌的价值观最后会变成公司核心价值观的原因。

品牌的世界观并不一定要通过用户对产品的直接体验建立，而应该在进行品牌传播时，让所有关注过产品的用户都能感受并认同。用户更青睐于华为品牌，就是因为这个品牌所蕴含的爱国情怀得到了广泛的认可，认可其世界观的用户也并非全部体验过华为的产品。

海尔的品牌初衷是"真诚到永远"，坚持上门维修人员不抽烟，自备鞋套，这样的价值理念让用户非常信赖海尔的产品和服务，从而形成一种"海尔产品更优质"的信仰。

只有品牌的世界观被用户真正认同，并且持续传播和强化，品牌才会真正被用户认同，这就是品牌 IP 化的开始。

7.1.4 IP化即产品，产品即内容

品牌 IP 化可以提升产品的价值。按照传统销售模式，在盈利前要付出大量成本囤积产品，然后开始做营销推广，最后通过销售变现。如果产品销售不出去，就会导致库存积压，从而陷入亏损。

随着短视频营销和直播带货等营销模式的兴起，传统销售模式开始重构，传统公司逐渐向内容或媒体公司靠拢。如格力空调、完美日记等，表面上还

是传统公司，实际上已经在向用户输出如情怀、生活方式等内容。

营销的第一要义是解决信任问题。如果可以增强用户对产品的信任感，营销的成功率至少可以提升 50%。如今，我们可以通过打造品牌 IP 的方式，向用户传达品牌理念，展现品牌实力，通过优质内容吸引意向用户购买，不但节约成本，而且行之有效。这个很小的举动，却能帮助公司获得数倍的收益。

营销的核心是内容，内容的核心是 IP。我们应该调整观念，从打造一个成功品牌转变为打造一个成功 IP，帮助用户形成认知，促成与用户的连接，从而催化购买行为。

7.1.5 宠物IP：在咖啡馆里养泰迪

品牌 IP 正悄然改变各个行业的运作模式，潜移默化地提高用户对品牌的接受度。“泰迪陪你”利用泰迪熊广泛的受众群，开辟出一条独特的 IP 联动营销路线，将 IP 营销做到极致。

按照传统的营销思维，一家没有品牌根基的公司大多会在起步时依靠宣传推广吸引初代的用户群，但“泰迪陪你”并没有进行宣传推广，而是依靠自带 IP 的泰迪熊，在一年内成长为行业内的营销先锋。

“泰迪陪你”在许多卖场的中央布置了硕大的泰迪熊展台，其中陈列着大小不一的泰迪熊。人们会被这些泰迪熊吸引，与它们合影或者直接购买。成功付款后，他们就会收到一张咖啡赠饮券，用户也就自然而然被引导到咖啡厅中。

这看似不经意的用户引导，其实是 IP 产业链的延伸。这种 IP 营销方式直接将泰迪熊的受众群引入咖啡厅，比传统营销方式更便捷，效果也更显著。

“泰迪陪你”的创始人将泰迪熊摆放在卖场、车展、著名楼盘之中，吸引了一批又一批用户前来体验。用户来到咖啡厅，会自然地拍照分享，为这个与众不同的咖啡厅吸引更多的用户。这种方式不仅帮助“泰迪陪你”节省了宣传推广费用，提升了咖啡与泰迪熊的销量，还帮助它赚取了与车展、楼盘的合作费用。

在无法直接打造品牌 IP 的情况下，我们还可以通过开发吉祥物品牌的方式实现 IP 营销。在餐饮行业中，这些吉祥物其实就是品牌的 IP，用户会在吉祥物的引导下进行消费。麦当劳、肯德基推出的吉祥物套餐，几乎受到各个年龄段用户的好评。

我们正处于粉丝经济时代，这个时代的用户不光注重产品的质量、服务与价格，还很在意产品的流行程度。当今时代中，品牌 IP 化可以有效吸引用户的目光，培养用户的产品忠诚度。而那些没有实现品牌 IP 化的公司，也将直面市场的残酷洗牌。

7.2 品牌 IP 化的“四大派”

实际上，许多品牌也认识到品牌 IP 化的价值，并在积极寻求发展之路。这也使我们能够站在巨人的肩膀上，将前人成功的经验作为基石，更好地探索适合的发展方向。

想要实现品牌 IP 化，首先要了解其中的四大派别。

7.2.1 符号派：为品牌打造一个载体

米其林轮胎人、麦当劳小丑、肯德基爷爷都是最早的品牌 IP。在没有 IP 这个概念时，这些则被称为超级 ICON，即超级符号。实际上，用“符号”表达确实更为直观。简单的符号，更容易在用户心中扎根，从而赢得用户信赖，成为更多人的选择。

无论是实行品牌营销还是展示公司实力，说到底都是为产品赋予一种符号，而在信息碎片化时代，将符号作为品牌载体也能够有效降低传播成本和用户记忆成本。我们可以将品牌的某种特性进行强化，打造成品牌独有的符号，这样可以加深用户的记忆。当他们看到相关信息时，立即会联想到相关的品牌。

金黄色的“M”，可以让我们联想到麦当劳；咬掉一口的苹果，可以让我们联想到苹果公司；“为发烧而生”的宣传语，可以让我们联想到小米公司。这些符号从视觉、听觉、嗅觉等方面强化用户认知，因此成为品牌的符号代表。

符号将整个品牌的信息浓缩其中，成为品牌传播的原动力。在品牌传播过程中，如果用户原本就认识或喜爱这些符号，他们也很容易偏爱拥有这些符号的品牌。我们也应该为自己的公司找到专属的符号，并加深用户对这个符号的认知，从而达到影响用户观念，甚至引导用户购买的目的。

品牌Logo是最适合符号化的载体。能够成为超级符号的Logo往往很简洁，元素越少用户记忆成本越低，越容易在用户心中占据一席之地。

在进行设计时，我们可以将品牌的名称、关键字等进行变形，直接作为品牌Logo，加深用户记忆。当我们进行视觉设计时，最好可以让品牌Logo能够被描述，以方便用户将图文信息转化为声音信息，从而降低品牌的传播难度。阿迪达斯的三道杠、耐克的对钩，都可以快速建立用户认知，在一众品牌中被用户精准识别。

除此之外，我们还可以凭借产品的品质打造品牌符号。通过这种方式打造符号的过程相对漫长，但会赢得更好的口碑，用户的认可度也会更高。

劳力士以专业的制表工艺闻名世界，在用户心中，这就是一个专为成功人士打造的商务手表品牌。经过产品打磨和宣传推广，劳力士已经成为“商务名表”的代名词。

总的来说，打造品牌符号是为了更好地获得用户的认可。我们要抓住品牌的特性，通过不断强化用户认知，最终形成独特的品牌符号，实现品牌发展壮大。

7.2.2 人格化派：把创始人变成个人IP

在进行公司宣传的时候，将公司品牌人格化，会对宣传推广起到很好的作用。品牌的人格化更适用于产品同质化高、决策简单、信息不复杂的情况。建立创始人的个人IP则可以更好地唤起用户的情绪，拉近公司与用户之间的距离。

作为公司创始人，他们也许不常在公共场合露面，但他们的个人魅力经常会影响到我们对其产品的认知，从而自发性地为其推广产品，让更多人成为其产品的用户。

提起福特，我们就会想到汽车；提起马化腾，我们就会想到腾讯；提起董明珠，我们就会想到格力；提起雷军，我们就会想到小米。这些公司的创始人逐渐成为公司的符号，在个人与公司之间建立起一种微妙的平衡。

小米是国产手机的领军品牌，但不喜欢它的人一直不少，而其创始人雷军却少有人批判，这不仅仅因为他是国产手机革命的先锋人物，还因为外界对他“劳模”精神的认可。

为达到营业额突破千亿的成就，华为用了21年，苹果用了20年，阿里巴巴、腾讯花了17年，而小米只用了7年。小米公司高级副总裁祁燕说：“小米是每天在用拖拉机的身体跑高速。”今年已经49岁的雷军，每天依旧保持高强度的工作状态。

创始人IP化可以给用户带来许多正面的联想，这种心理暗示会在用户脑海中转化为对公司、品牌、产品的信任。在劳模、勤奋等褒义标签的加持下，雷军的个人IP孕育而生。如果雷军再设计一款数码产品，也不会有人觉得产品普通，在很多用户心中，优秀的创始人就代表了优质的产品。

为创始人打造个人IP是最省力、最保险、最难被竞争对手模仿的品牌IP化的方法，这样不仅能收获更多用户，还可以提高产品的转化率，从而实现公司品牌的具象化。

7.2.3 互动方法派：连接用户与品牌

好的品牌不能一味地关注生产内容、阅读数和粉丝数，还要注重用户反馈，并根据反馈情况对产品和宣传内容进行调整，更好地满足用户需求。这就需要我们建立健全沟通机制，实现用户与品牌的紧密连接。

Zippo公司是注重用户反馈的典型。作为一家专业生产金属打火机的公司，其产品以出色的防风技术实现了品牌化经营。Zippo公司花费很大工夫回应用户的使用情况：为用户提供实时的回应服务，认真考虑用户的建议，耐心解决产品出现的问题，转发并感谢用户的赞许。这一系列行为，使得Zippo公司收获了用户的广泛好评。

上述案例充分体现了注重用户反馈、建立健全沟通机制的重要性。我们在实际操作中可以通过以下3种方式，逐步建立用户与品牌之间的连接，如图7-1所示。

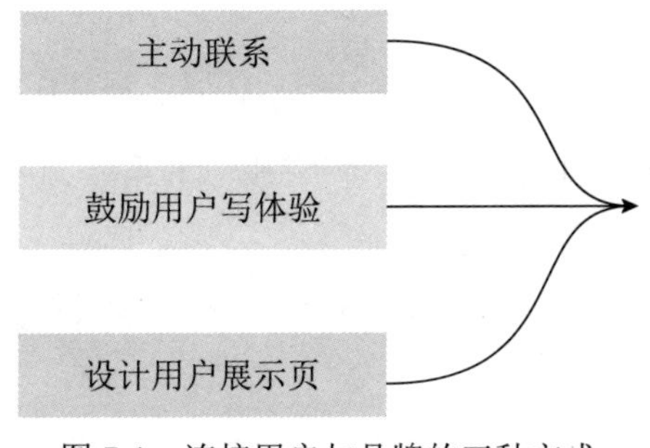

图7-1　连接用户与品牌的三种方式

1. 主动联系

用户购买产品后，一般情况下不会主动与品牌所属公司联系，有时遇到一些小瑕疵也会选择忍耐。此时如果我们没有主动与用户联系，很可能就因为这一个小瑕疵而失去一位用户，所以我们最好定期与用户主动联系，询问产品使用情况，为用户提供周到细致的售后服务。

主动联系并收集用户反馈，不仅能让用户感受到品牌的优质服务与负责任的态度，还能快速积累用户的好感，从而促进品牌的推广传播。

2. 鼓励用户写体验

要想加强与用户的沟通，除了主动联系用户之外，也要鼓励用户与公司主动沟通。我们可以鼓励用户写下产品使用体验，学习淘宝卖家的经营模式，对主动写下使用体验的用户给予一定的优惠或奖励。鼓励用户写体验最大的效用就是让潜在顾客看到那些购买产品的人是如何通过产品简单快速解决问题的。

3. 设计用户展示页

用户展示页一般会设置在品牌的官方网站、官方微博或微信公众号上，用来加强用户与用户、用户与品牌之间的交流。其内容主要包括用户体验、产品介绍、使用方式、公司回复等，形式可以是图片、视频，甚至是用户的感谢信等。

用户展示页虽然简单，带来的效果却非比寻常。用户在浏览过程中，更容易被有展示页的品牌吸引。它就像一张精心制作的名片，体现出公司人性化的一面。除了能为公司带来更多的潜在用户，它也可以让用户体会到被重视的优越感和满足感。

上述 3 种方式是连接用户与品牌的秘诀，我们在与用户沟通、进行品牌塑造和宣传时要根据公司发展状况，制定相应的策略方案，注重用户的反馈。

7.2.4 文化派：IP要先有文化价值和情感价值

陈格雷曾经说过："任何一个 IP，一定要先有文化价值，即先拥有打动人心的情感价值，然后才值得去探讨商业价值。"

IP 的商业价值，实际上蕴含在其文化价值和情感价值之中。如果我们按照标准化流程进行 IP 打造，非常容易出现情感缺失，难以引起用户的共鸣。想要打造文化派的品牌 IP，我们首先需要找到品牌的文化母体，并以此为依托构建品牌的世界观。

我们通常会认为，只有内容公司可以打造出文化派 IP，因为他们可以通过内容将 IP 的世界观构建完整，但实际上，传统行业亦可通过内容营销达到同样的效果。

百雀羚以一篇为母亲节设计的长文案实现了裂变式传播，被评为年度最具影响力的现象级刷屏事件。该文案以民国时期的上海滩为背景，以身穿绿色旗袍的女特工为主角，为用户再现旧上海风情。文案的结尾，女特工开枪引出此次营销的主题——"与时间作对"，引发了无数用户的情感共鸣，也让用户产生无限联想。

文案中的复古元素迎合了用户的怀旧情结，进一步强化了百雀羚百年品牌的形象。除此之外，百雀羚将"以花酿呵护肌肤，以文艺滋养心灵"作为品牌宣传的情感基调，持续输出许多文艺款高质量内容，进一步展现品牌的文化底蕴，由此加强品牌的文化和情感价值，最终打造出一个文化派 IP。

在文化派眼中，IP 是储存文化和情感的容器。其中，情感具有较强的个体性，文化则针对整个群体。每一个具有影响力的 IP 都具有较强的时代性，符合该时代人们的情感特征。我们也可以利用这一特点，为 IP 注入文化和情感价值，打造文化派 IP，实现品牌的 IP 化战略。

7.3 品牌 IP 化策略：消除不必要的干扰

在了解品牌 IP 化的含义及主要派别后，接下来就需要我们正式制定实现品牌 IP 化的策略。我们可以通过加强产品差异化、设立品牌标签、借助热点实现病毒式传播等方式，消除不必要的干扰，从而实现品牌 IP 化。

7.3.1 通过差异化占据品类第一

提到商界“铁娘子”很多人就会想到格力集团董明珠，她之所以有如此高的辨识度，就是因为品牌方利用了差异化的价值，第一个进入用户心智，把产品做到用户心里，从而成为细分领域的第一。

品牌差异化定位的目的就是将产品的核心优势或个性差异转化为品牌优势，以满足目标用户的个性需求。成功的品牌都有独特之处，要在预期用户的头脑里给品牌定位，确保品牌真正有价值。

假设我们想开一家咖啡店，目标是在星巴克和蓝山咖啡占据优势的市场中开辟一块属于自己的领地，这种看起来不可能完成的事情，绿山咖啡却做到了。

绿山咖啡的股价一度超越星巴克，其秘诀就在于一个叫作“K 杯”的专利产品。这是一个外表像纸杯的容器，容器内部有一个纸杯状渗透装置，容器上方还有铝箔盖封口，这个铝箔盖可以防止咖啡的香气逸散。将 K 杯置入配套的“克里格咖啡机”后，轻按按钮，就会有热水通过加压注水管进入滤杯。咖啡机会精确控制水量、水温、压力等，制作一杯口感香醇的咖啡。

不用称量、手磨、清洗咖啡豆，杯底也没有残渣，比传统咖啡机更方便，咖啡的香味更浓郁，价格也只有星巴克的 1/10。绿山咖啡的产品得到白领阶层的广泛好评，其销售收入，近 1/3 直接来自办公室。

在咖啡零售领域，星巴克的分店早已开遍全球，但绿山咖啡凭借差异化定位，同样成为咖啡领域的品牌巨头。由此不难看出，建立成功品牌最重要的不是比竞争对手好在哪里，而是能在哪个方面做到第一。

放大镜之所以能点火，是因为它是凸透镜，能够将平行的太阳光线聚集于一点，通过能量聚集点燃焦点处的易燃物。同理，我们在打造公司品牌时，需要对品牌进行差异化定位，将重点聚焦于某一方面，建立与众不同的品牌形象，通过差异化占据品类第一。

7.3.2 给品牌贴一个与众不同的标签

在这个信息爆炸的时代，再好的内容也会被淹没在信息海洋里。人们记不住内容，却能记住看过内容后的感觉，这种感觉就是用户给我们贴的“标签”。

贴标签是让用户快速实现品牌认同的一种营销手段，一家有标签的公司与一家没有标签的公司之间最大的区别，就是用户辨识度与认可度不同。我们可从以下 3 个维度出发，打造与众不同的标签，如图 7-2 所示。

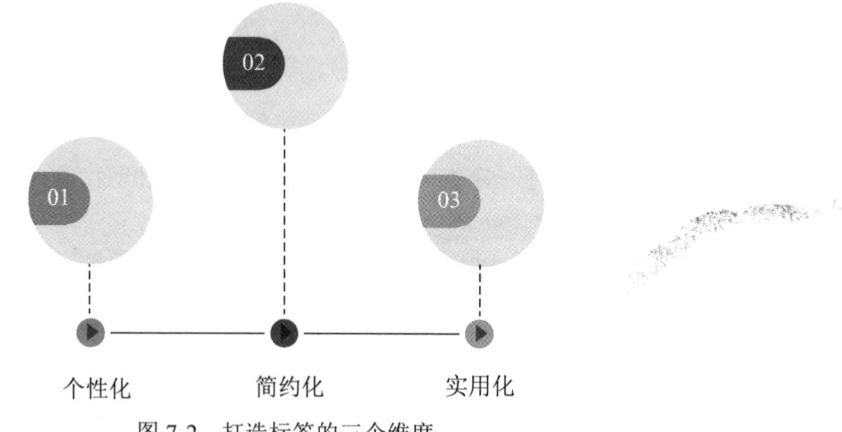

图 7-2　打造标签的三个维度

1. 个性化

如今，用户在选购产品时越来越在乎精神感受，消费需求的个性化和多样化趋势日益明显。所以在打造标签时，要突出品牌的个性，突出其在一众竞品中的特点。品牌个性是品牌形象的重要构成因素，鲜明的品牌个性能让产品在消费者心里留下深刻印象，这对品牌形象的塑造是十分有利的。

2. 简约化

在信息爆炸时代，用户见过太多的产品，对产品的推广已经产生免疫力。他们不会有很多关于品牌的记忆点，最多只会记住几个关键词。因此品牌的标签要尽可能简约，关键词越少越能快速形成用户记忆。例如，“农夫山泉有点甜”和“大自然的搬运工”，直观明了地表现出农夫山泉水质好、天然的特点。

3. 实用化

品牌的标签需要挖掘品牌特点，挑选出最有竞争优势的一项，将侧重点放在该功能上，抢占用户心智。我们应当从产品的使用感受入手，言简意赅地表现出产品的功效。以洗发水为例，清扬主打去屑，飘柔主打修护，沙宣则突出自己的专业。

同样，我们也可以通过目标用户的具体需求确定品牌标签。一个与众不同的标签可以更好地收获用户对品牌的了解和认同。

如今，品牌标签的价值已经超越产品本身，成为提升产品竞争力的核心要素。标签是对外传播的旗帜，也是用户认识品牌最快的方式。一个与众不同的标签，可以更好地帮助品牌实现IP化。

7.3.3 AISAS传播原理：让用户主动分享

AISAS传播又称病毒式传播，主要由5部分组成：Attention（引起注意）、Interest（引起兴趣）、Search（搜索）、Action（购买行为）、Share（分享）。顾名思义，就是指传播的信息像病毒一般快速扩散。主要是利用公众的积极性和人际网络进行信息传播。这是一种常见的网络营销方法，经常会在网站推广、品牌推广时采用。

病毒式传播主要是“让大家告诉大家”，这就意味着，病毒式传播是通过提供有价值的产品或服务，利用群体之间的相关性，让用户主动分享给其他人，达到宣传的目的，同时有效节省成本。

病毒式传播已经成为品牌推广的常用方式，主要有以下4个步骤，如图7-3所示。

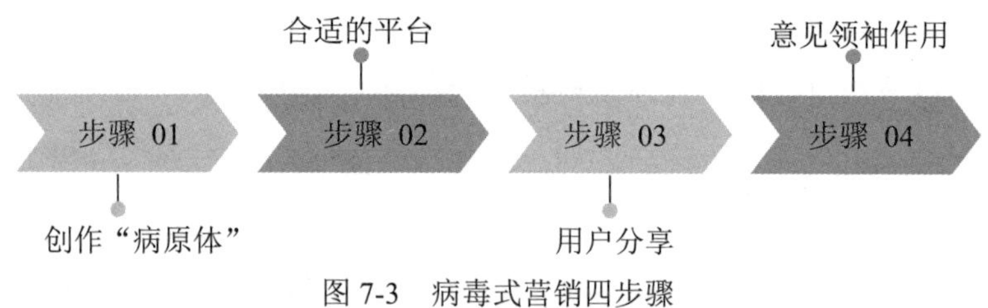

图 7-3 病毒式营销四步骤

1. 创造“病原体”

创造“病原体”也就是创造热点话题，这个话题必须有足够的吸引力，能够引起用户的情感共鸣。在创造“病原体”时，我们要根据自己品牌的特点选择视频、文字、图片等。在传播过程中，还可以加入品牌信息，加深用户对品牌的印象。

不仅如此，“病原体”还要新颖不老套、通俗上口、具有艺术感染力，这样可以有效增加用户的愉悦感，从而带给用户更强的吸引力。

2. 合适的平台

要想实现病毒式传播，寻找一个合适的发布平台必不可少。合适的平台能够使原本不起眼的话题受到大众关注，从而实现广泛传播。如果平台选得不好，话题再有传播潜力也会被埋没。

一般都会选择比较流行或比较权威的网络媒介传播平台进行病毒式营销，如微博、微信、论坛、博客等。品牌方要根据品牌特性与目标用户定位选择平台，这样可以更快地吸引用户关注。

3. 用户分享

用户分享是进行病毒式营销最主要、最值得注意的环节。促进用户主动传播有两种常用方式：一是对自身产品不断升级或者增添新的内容；二是先针对那些接收速度快、传播范围广的用户宣传，再通过他们引起病毒式传播。

分享链接是实现用户分享、进行二次传播的关键。我们应该设计一个内容全面、简单明了的分享链接，让用户可以更流畅地进行分享。

4. 意见领袖作用

要想做到病毒式营销，意见领袖的作用不可忽视。意见领袖通常是行业内比较权威、有影响力的大咖，如果能得到意见领袖的认可甚至推介，病毒式传播的效果就会更好。

病毒式传播是口碑营销的一种，品牌也可以在营销过程中形成自己的口碑。

7.3.4 巧借热点，抓住宣传时机

要想推广品牌，光靠华丽的宣传是不够的，我们更需要通过专业的、有价值的内容，让用户在读完之后对品牌和产品产生兴趣。与此同时，也要紧跟社会热点，多引用广受关注的社会新闻、事件等，借助外力对品牌进行宣传。

要想借助热点宣传品牌，就必须选择有价值、有传播性、可以快速体现影响力的热点。突发性热点话题虽然可以立即吸引大量的流量，但并不具备持续性，这种话题往往很快就会过时，再无人问津。对于品牌而言，也很难在讨论度最高的时候借机宣传。同时，突发性热点话题的变化性也很大，很可能在一两天后因为新的证据而产生反转。我们应该慎重选择类似的热点话题。

借助热点的方法包括以下几种，如图7-4所示。

图7-4　如何借助热点

1. 对比

热点虽然有比较强的时效性，但不同阶段的热点很可能具备一定的相似度。我们可以将最近的热点与过去曾经引起过广泛讨论的热点进行对比，从而为用户营造一种暖心的回忆感。

另外，对新热点和旧热点进行对比还可以让我们在内容上有更深入的挖掘。通过对比，探讨某类事件背后的原因，向用户传达更加有价值的观点和见解，从而增强他们的品牌认同感。

2. 叠加

有时，一个热点可能无法带来太高的关注度，我们可以采用叠加的方法，选择两个没有直接关系的热点，找出其中的内在连接，这样不仅可以受到更多人的关注，还可以使内容更富有吸引力。

3. 延展

热点爆发不仅会体现事件本身，还有其背后更深刻的内涵。我们对一个热点进行延展性思考的过程其实就是一个深度挖掘的过程。在深度挖掘过程中，我们必须与品牌紧密结合。

借助热点事件也必须遵从一定的章法，应尽量选取与品牌相关度高的热点事件。要学会取舍，避免出现前后价值观不统一的情况。此外，切入点也要尽量符合主流用户的思想观念。

第8章

融资：筹集资本的不二法门

一个公司在成立初期、扩张期、平稳期以及下滑期都需要大量的资金支撑，以维持正常的现金流。公司所处阶段不同，对现金流的需求程度也有所不同。因此，我们要在不同阶段进行不同程度的融资，让公司脱离缺少现金流的“泥潭”。

对于刚刚成立的公司，融资可以解决前期发展过程中现金流不足的问题；对于急剧扩张的公司，融资可以改善快速发展对资本和资源的依赖；对于稳步前进的公司，融资有助于经营、管理等工作的加强。可以说，无论处于哪一发展阶段，公司都可以通过融资实现长效发展。

8.1 债权融资

债权融资也称债券融资，即通过借贷的方式获取资金，主要包括发行债券、做金融租赁、信用担保等方式。在通过债权融资获得资金后，公司首先需要偿还资金的利息，并在借款到期后偿还本金。因此在公司资金周转困难时，我们可以通过债权融资渡过难关。

8.1.1 发行债券

发行债券是债权融资的一种重要形式，是创业者依照法律程序发行具备债权和兑付条件的债券，从而实现资金借贷的法律行为，通常有私募发行和公募发行两种方式。其中，私募发行具有发行条件宽松、满足公司多种融资需求、无发行总额要求、发行周期较短等优势，成为创业者首选的融资方式。

不仅如此，为拓宽中小微企业融资渠道，解决中小微企业融资难问题，证监会研究推出中小企业私募债制度，这意味着非上市中小微公司也可通过发行债券直接融资。

发行私募债券对企业的要求如表 8-1 所示。

表 8-1 发行私募债券对企业的要求

公司主体	符合企业债券、公司债券的一般性规定，如：（1）存续满两年。（2）生产经营规范，内控完善。（3）企业两年内无违法违规、无债务违约行为等
净资产	股份有限公司的净资产不低于人民币 3000 万元，有限责任公司的净资产不低于人民币 6000 万元
盈利能力	最近三年平均可分配利润足以支付公司债券一年的利息
偿债能力	对资产负债率等指标无明确要求，按照公司债券上市要求，资产负债率不高于 75% 为佳
现金流	经营活动现金流为正且保持良好水平
用途	筹集的资金投向符合国家产业政策
利率	债券的利率不超过国务院限定的利率水平
担保	鼓励中小企业采用第三方担保或设定财产抵 / 质押担保

具体来说，各家证券公司对发行私募债券的要求不同。《上海证券交易所中小企业私募债券业务试点办法》（以下简称《试点办法》）第九条规定：“在本所备案的私募债券，应当符合下列条件：（一）发行人是中国境内注册的有限责任公司或者股份有限公司；（二）发行利率不得超过同期银行贷款基准利率的3倍；（三）期限在一年（含）以上；（四）本所规定的其他条件。”

《上海证券交易所中小企业私募债券业务指引（试行）》第六条规定：“试点期间，在本所备案的私募债券除符合《试点办法》规定的条件外，还应当符合下列条件：（一）发行人不属于房地产企业和金融企业；（二）发行人所在地省级人民政府或省级政府有关部门已与本所签订合作备忘录；（三）期限在3年以下；（四）发行人对还本付息的资金安排有明确方案。”

《深圳证券交易所中小企业私募债券试点业务指南》第二章第一条规定：“在本所备案的私募债券应当符合以下条件：（一）发行人是中国境内注册的有限责任公司或者股份有限公司；（二）发行利率不得超过同期银行贷款基准利率的3倍；（三）期限在一年（含）以上；（四）本所规定的其他条件。”

在股权融资存在一定难度的情况下，通过发行私募债券进行融资也是不错的选择。

8.1.2 做金融租赁

金融租赁也是债权融资的一种，欧洲金融租赁联合会将其定义为：“出租方和租赁方以书面形式达成的协议，在一个特定的期限内，由出租方购买承租方选定的设备和设施，同时拥有所有权，而承租方拥有使用权。”

金融租赁的优势十分明显。公司无须抵押或担保就可获得全额融资，这样可以在一定程度上降低公司的现金流压力。从某种意义上来说，金融租赁可以作为长期贷款的替代品。

如今，金融租赁已经成为一种通用融资工具，在一定程度上改善了中小型高新技术公司融资难的问题。随着经济的发展，金融租赁的表现形式也越来越多样化，许多租赁服务应运而生，如回租、委托租赁、风险租赁等。金融租赁的适用范围也非常广，不仅可用于厂房、设备等实物产品，还可用于软件、信息系统等虚拟产品，同时对申请金融租赁的公司规模也没有限制。

当然，金融租赁不可避免地存在一些缺陷。例如，它能满足的需求总量有限，同时其风险收益特征和行业指向性都比较强。虽然目前针对中小型公司的租赁服务在逐步增加，但在资产、经营状况等方面也有一些硬性要求。

同时，金融租赁公司有一套严格的审核手续。首先，他们会对融资项目进行风险评估；其次，他们会判断项目盈利的能力；最后，他们会进行风险控制，部分租赁公司还会严格限制标的物的行业和应用领域。此外，租赁双方还需要提供保证金，其额度约为总融资额度的 20%。

8.1.3 信用担保

信用担保，即公司在自身信用资质未达到银行贷款要求的情况下，由担保机构提供担保，以此提高公司资信等级，从而获得融资的一种债权融资方式。信用担保可以保障债权实现，同时促进资金与其他生产要素的流通。

作为一种特殊的中介活动，信用担保的主要作用就是将投资风险进行分散或转移。担保公司的介入，不仅分散了银行贷款的风险，还增强了银行对中小型公司贷款的信心，中小型公司贷款的渠道也因此变得通畅。

担保机构并不会限制公司所处行业，但会要求公司具有持续、稳定的经营能力，还会要求公司在其行业内具备相对优势，如在产品、资源等方面超越同类公司。同时，担保机构还会根据公司的资产负债率、现金流量、利润增长率等数据指标和历史经营状况判断其偿还能力。此外，部分担保机构也会要求公司领导具备战略眼光或公司团队具备凝聚力。

专业的担保机构不仅能根据融资需求制定相应方案，还可以帮助公司改善治理结构，在一定程度上提升公司的实力。在这些专业机构的协助下，融资效果往往会事半功倍。

同时，由于信用担保自身存在不易审查和控制的特性，因此我们在选择担保机构时应遵循适度谨慎的原则。信用担保机构良莠不齐，在资本实力、风险控制、商业信誉等方面均可能存在差异。我们应当结合实际情况，对担保机构进行筛选，排除那些实力不足、无法提供担保的机构。

8.2 内部融资

内部融资，即公司将内部未被合理利用或利用不充分的资金再次分配，从而提升资金使用效率，主要包括留存盈余融资、票据贴现两种形式。进行内部融资虽然可以有效降低融资成本、增强公司的控制权，但也会受到公司规模、盈利能力、发展趋势等方面的制约。

8.2.1 留存盈余融资

留存盈余融资是公司进行内部融资的重要方式。对于中小型公司而言，收益分配主要包括发放股利和留存盈余两方面。留存盈余融资其实就是在公司缴纳税款后，对税后利润进行再分配，留存的部分是我们可以直接取用的内部资金。这些税后利润的所有权属于公司的股东，股东选择将这些税后利润留存在公司中，也是追加投资的一种方式，公司留用部分资金，可以保证投资人的长远收益。

在进行留存盈余融资时，我们需要将股东利益最大化视为基本原则。如果股东无法通过留存盈余融资获得较高的收益，我们就应该将这部分盈余分配给股东。同样，当盈余已经满足公司所有投资需求时，我们也应该将剩余部分分配给股东。在税后利润出现较大变动时，我们可以采取固定股利的政策，按照固定比率进行利润分配。

留存盈余的核心在于确定留存比率。留存比率越高，意味着投资人的当期投资回报越低。如果我们将留存比率设置得过高，将会让投资人质疑公司的盈利水平，从而损害公司的财务形象。

同时，在进行股利分配时，投资人获得现金的，需要缴纳个人所得税，而如果获得的是股权，则只需缴纳千分之一的印花税。从这一角度出发，我们不能将留存率设置得过低，因为投资人也更倾向于减少税款的缴纳，将股息留在公司内部。

从另外一个角度出发，中小型公司进行留存盈余融资的问题，也是他们进行股利分配的问题。合适的股利分配政策可以增强公司的积累能力，提升投资人对公司的信任感，从而吸引更多投资，为公司发展打下良好基础。

8.2.2 票据贴现

票据贴现，即持票人有资金需求时，通过贴付一定的利息，将未到期的票据变为现金。在回款不及时或公司需要大量资金投入时，公司可以利用票据贴现的方式进行应急融资。

许多中小型公司会利用商业汇票进行结算，他们通常会持有大量汇票，在票据兑现日之前，这笔资金就会被闲置。这时，向银行或贴现公司承兑汇票，就成为中小型公司成本最低的融资途径。这种融资方式具有以下优势。

1. 利率较低

票据的成本只根据市场供求波动，不会受政策影响。票据市场的利率一直保持较低水平，这也是对中小型公司最有吸引力的部分。向银行申请承兑汇票后，我们只需交纳一定数额的保证金和手续费，就可以获得资金。

2. 提高公司的资信度

有很多中小型公司资信尚未达到银行放贷标准，难以及时弥补资金缺口。在这种情况下，银行可以通过对这些公司持有的票据进行承兑贴现，将资金输送到相对安全的票据融资市场，从而间接实现资金输送。

3. 降低银行经营风险

银行在获得汇票后，还可以向其他银行申请转贴现，或者向中央银行申请再贴现。银行可以通过这种方式获取收益，分散自身的经营风险。

票据贴现也被视为一种票据买卖，或者银行的一种短期放款业务，其实质是债权转移。持票人可以通过票据贴现，将票据提前转化为流动资金，加速资金在市场内的流通，有利于市场经济的发展。

8.3 外部融资

随着规模的扩大，仅进行内部融资难以满足公司的资金需求，外部融资逐渐成为公司融资的重要方式。这是公司主动向其他经济主体筹集资金的过程，主要包括典当公司资产、商业信用融资、股权众筹等方式。

8.3.1 典当公司资产

第一种是典当融资，即中小型公司通过在典当行质押或抵押资产获得资金的融资方式。典当行是针对中小型公司及个人设置的、从事放款业务的特殊金融机构，它可以辅助银行，满足创业者的短期资金需要。

作为一种新型的融资方式，典当融资具有周期短、灵活度高、贷款额度小等特点，与中小型公司的融资需求适配性极高。这些都是银行贷款无法比拟的优势，在一定程度上弥补了银行贷款的不足。

不仅如此，与手续繁杂、审批周期长的银行贷款相比，典当贷款不仅手续简便，而且不限制资金用途，可以极大地提高资金使用率。其服务对象多为个人或中小型公司，无信用要求，也未曾设置典当物品的最低价值，动产与不动产都可以质押。

银行融资产品较少，申请手续也较为烦琐，当我们无法通过抵押或担保方式申请银行贷款时，通过典当公司进行融资也是不错的选择。

8.4 贸易融资

8.4.1 国际贸易融资

市场中往往充斥着太多不确定因素，如何利用有限的资源降低贸易风险、实现快速融资成为不少对外贸易公司遇到的难题。

国际贸易融资，即围绕国际贸易结算环节产生的资金融通活动，具有融资方式多样、融资手段灵活的特点。各国政府、银行和进出口公司会为本国公司提供资金，降低其供应链风险，使其可以健康稳定地发展。

最常用的融资类型主要有以下几种。

1. 银行融资

银行融资即银行向工商进行融资。这种融资方式成本较低、资金稳定，只要通过资质审查，满足贷款发放条件，银行都能及时满足公司的融资需求。

但银行融资的门槛较高，为降低贷款风险，银行往往对公司的资质、信誉等方面有较高要求，部分银行也会要求财产抵押，这些都会提升中小型公司进行银行融资的难度。除此之外，银行融资也是债务的一种，会出现在公司的资产负债表上，降低公司收益。

2. 出口保理

出口保理，即保理公司以较低的价格购买出口公司的短期账款，并向进口公司催收到期账款的过程。在保理公司确定进口公司的支付能力后，出口公司就会收到预付货款，不用经历 30 天、60 天或 90 天的等待期。

出口保理并不是债务，因此它并不会出现在资产负债表上。同时，保理公司只会审核进口公司的信用额度，而非出口公司的财务状况，出口保理也因此成为中小型贸易公司融资的首选。

3. 供应链融资

供应链融资是针对中小型公司设置的新型融资方式，实质为通过管理核心公司的资金流，为整条产业链的公司提供资金。供应链融资通常会利用如保理、票据贴现、库存贷款、结构性担保等融资工具分散风险。这种融资方式的门槛、风险均较低，已经成为越来越多中小型贸易公司的选择。

贸易融资可以加速公司现金回流，降低贸易风险，帮助许多中小型公司渡过资金短缺的难关，对全球贸易至关重要。

8.4.2 补偿贸易融资

由投资人提供机器设备、技术及人员培训等，由公司提供场地、原材料及劳动力，在产品生产完成后，公司使用产品或其他方式偿还投资人，清偿完毕后机器设备等归公司所有。这种融资方式被称为补偿贸易融资，是一种新型融资工具，将融资与贸易相结合，实现投资人与公司的资源互补。

通常根据不同的偿还方式，补偿贸易融资可分为直接产品补偿、间接产品补偿和综合补偿，如图 8-1 所示。

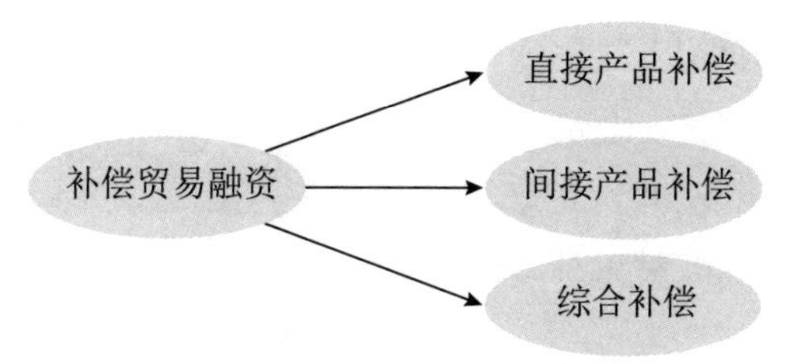

图 8-1 补偿贸易融资的种类

直接产品补偿是补偿贸易融资最基本的形式，即将产出的产品直接返销给对方，通过返销价款偿还设备及技术价款。直接产品补偿对产品的性能、质量等方面有严格要求，不仅要符合投资人的标准，还要符合国际市场的需求标准。

间接产品补偿即通过双方协定的原材料或其他产品偿还设备及技术价款。

综合补偿是上述两种偿还方式的综合应用，即使用产品、原材料、货币等方式偿还设备及技术价款。

我们可以根据公司的资金状况、产品的生产情况等，选择合适的补偿方式。

补偿贸易融资是汇源果汁的根基。其创始人在接手公司时，发现公司几乎一无所有，他便利用补偿贸易融资引进了一整条果汁生产线，并用产品逐步偿还设备及技术价款，随着生产规模的逐步扩大，汇源果汁成为国内最大的饮料生产商之一。

补偿贸易融资虽然不能直接满足公司的资金需求，但可以有效减少公司的成本支出，有利于公司的可持续发展。

8.5 政策融资

政策融资，即银行根据国家政策为企业提供资金支持，通常适用于那些具有行业优势、技术水平较高、符合国家相关政策的公司。政策融资具有利率低、风险小、针对性强等优势，同时具有适用面窄、金额小、手续繁杂、受公司规模所限等劣势。

8.5.1 专项基金融资

专项基金常指那些有特定来源且具有专门用途的资金，其覆盖领域也较广，如大众传媒、高新技术、房地产、公用事业、电信、金融等都是常见的专项基金。

凯雷集团2021年第一季度财报显示，公司营业收入达24.37亿美元，同比增长426.83%，股东共计获利8.69亿美元，同比增长242.04%。这个全球最大的私募股权基金机构只投资自己熟悉的行业，这也意味着，凯雷集团能走在其涉猎的每个领域的最前沿。凯雷集团以纪律严明、风格保守为投资原则，致力于在熟悉的行业中对卓越的公司进行投资管理，持续创造高收益，赢得高回报。

经过多年的发展，凯雷集团接触的行业逐渐从数个领域扩展为包括房地产、航空、交通、能源、电力、媒体、电信、高新技术在内的数十个领域。在兼顾数十个行业的同时，凯雷集团凭借丰富的经验帮助旗下投资公司化解危机，从容应对各行业中的挑战。

与大多数战略投资人不同，凯雷集团通常会维护旗下投资公司在运营、管理等方面的独立性，并与其专业的投资团队携手出资。这些投资公司便可以在保证自身品牌完整性的同时，享受凯雷集团的经验与资源。在30多年经营过程中，凯雷集团始终为旗下的投资公司提供最有利的合作与发展环境。

凯雷集团曾持有或依然持有股权的包括太平洋保险集团、麦当劳、海尔电器、阅文集团、赶集网、统一润滑油等众多知名公司，其投资方向也逐渐聚焦于传媒、金融、电信、科技等领域。

我们在进行融资申请时，也应该结合行业性质及公司经营情况，有针对性地选择专项基金。同时还应该遵守专项基金的使用原则，即先存后用、量入为出、节约使用、专款专用，以提升资金使用效率，助推公司繁荣发展。

8.5.2 高新技术融资

高新技术公司即在《国家重点支持的高新技术领域》范围内，以公司独有的知识产权为基础，进行深度生产、研发、经营，且注册时间满一年的民营公司。

这些高新技术公司通常会受到国家的重视，享受国家或地方性的优惠政策。例如，在税收方面，高新技术公司的所得税按15%征收，相比于非高新技术公司有10%的减免。此外，其研发费用也可用于抵减税款，且抵税比例显著高于非高新技术公司。

除全国范围内的税收优惠政策外，还有许多地方政府针对高新技术公司发布了优惠政策。例如，北京的人才引进政策可为高新技术公司员工提供积分或落户加分；在广州增城区，高新技术公司最高可获得200万元的奖励。

由于每一项高新技术都需要大量的资金支持，高新技术公司对于资金有着更为迫切的需求。但高新技术公司的资产多为无形资产，难以用抵押或质押方式贷款，这时，利用国家政策进行高新技术融资，就成为许多高新技术公司的首选。

实际上，这些大多是国家针对高新技术公司建立的具有扶持性质的科技基金，是专项资金的一种，主要用于解决产品研发等技术问题，对公司的专利数、科技成果等有较为严格的要求。

艾尔普再生医学科技有限公司向我们展示了高新技术对资本的强大吸引力。

艾尔普是一家利用干细胞再生技术治疗疾病的生物科技公司，其核心技术是通过将体细胞诱导为干细胞，实现组织器官或人体细胞的再生。医学界的许多人都相信，这项技术能为再生医学带来巨大的改变，治愈那些被神经退行性疾病和心衰疾病困扰的病人。

艾尔普的创始人王嘉显表示："公司成立的初衷，是希望利用再生医学的创新技术，为解决目前临床上难以治疗的退行性疾病而研发出革命性的细胞药物。"

许多业内外投资人士十分看好艾尔普在再生医学方向的发展前景。2019年5月，公司创办刚满3年，就在A轮融资中获得了数千万元资金。作为领投人的雍创资本十分看好艾尔普的发展前景，其创始合伙人吴云晓还认为，既然艾尔普团队能研发出干细胞诱导技术，未来也必将会研发出更多创新性产品。

紫牛基金负责人表示："我们坚定地看好iPSCs干细胞应用于退行性疾

病治疗的应用前景，同时也看好干细胞底层技术平台在未来的临床延展性。自成立以来，艾尔普再生医学展现了出色的技术转化为商业产品的能力，所以我们也在这一轮持续加码该团队。”

2020 年 5 月，艾尔普成功利用干细胞再生技术治疗心衰的临床试验成果在《自然》（*Nature*）刊登，同年 10 月，其 A+ 轮融资完成，雍创资本、紫牛基金等老股东全部参与跟投，艾尔普共计获得融资 5000 万元。其创始人王嘉显表示，艾尔普将基于本次研究成果进一步为终末期心衰病人提供治疗方案，融资获得资金将用于优化制备技术，实现产品的批量化生产。

第9章

投资：大市场内“孵小鱼”

公司试图获得投资，从资本市场拿到钱，首先需要对资本市场和投资行为有一个清晰的认识。目前的创业形式呈现百花齐放的态势，投资更像是在大市场内孵化小鱼，投资人思考的核心就是项目市场是否足够大。而那些回报周期短、可快速扩张、不依赖融资的项目也更容易受到投资人的青睐。

9.1 股权投资

股权投资是公司融资的主要途径。与债权融资不同，股权投资不需要还本付息，而是由公司原有股东出让股份，通过增资方式引进新股东，新老股东一起按照股权持有比例分享公司的经济利益。股权投资主要包括寻找天使投资和吸收风险投资两种方式。

9.1.1 天使投资

天使投资的主要目的是扶持创意好、有发展前景、处于蓝海市场的项目，和创业者分担失败的风险和成功的收益。天使投资是自由投资者或非正式投资机构对项目的一次性投资，一般是初创公司获得的第一笔投资。

对于创业者来说，天使投资人就是“天使”一般的存在。作为一种参与性投资，天使投资也被称为增值型投资。即便是一个创业构思，只要有发展潜力，也有可能拿到天使投资。如果投资人信任创业者的能力，也会向创业者提供诸如人脉、技术专利、管理经验等资金以外的综合资源。

天使投资对创业公司意义重大，其回报也是非常可观的。通常情况下，天使投资对回报的期望值在 10 ～ 20 倍。因为天使投资人一般会在同一个行业投资 10 个以上的项目，最终可能只有一两个项目成功，所以 10 倍以上的回报才能有效分担风险。

天使投资金额较小，500 万元以下的约占 78%，500 万～ 1000 万元的占 13%，1000 万元以上的只有 9%。由于投资金额小，天使投资人倾向于在初创公司中小额占股，一般占股 10% ～ 30%，基本不会超过 35%。

随着天使投资的发展，国内成功的民营企业家逐渐发展成为天使投资的主力军，除了有一定财富积累的企业家、成功创业者、VC 外，有闲置资金的律师、会计师、企业高管以及行业专家也会进行天使投资。

许多天使投资人有过创业经历，他们理解创业者的难处，通常会在投资后积极参与被投企业战略决策和战略设计，为被投资企业提供咨询服务，帮助被投资企业招聘管理人员，协助公关、设计推出渠道和组织企业推出等。

在创投圈里，天使投资人的重要性与日俱增，因此我们应当重视天使轮融资，多多学习其他创业者的成功融资经验。

9.1.2 风险投资

从广义上来讲，风险投资泛指一切具有高风险、高潜在收益的投资；从狭义上讲，风险投资是对中小型高新技术公司进行投资。美国风险投资协会给风险投资的定义是“由职业金融家投入新兴的、迅速发展的、具有巨大竞争潜力的公司中的一种权益资金”。在风险投资中，高度专业化和程序化通常为投资决策的基础要求。

如果高新技术公司处于快速成长阶段，那么就可以进行风险投资。风险投资与中小型高新技术公司的融资需求适配性极强，是此类公司的首选融资方式，如图 9-1 所示。

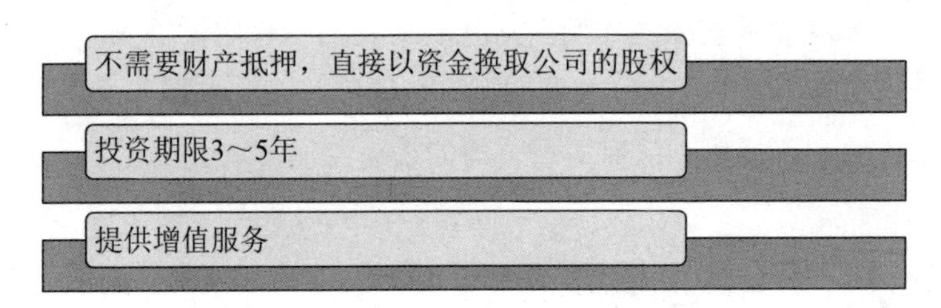

图 9-1　风险投资的特点

（1）刚起步的中小型高新技术公司通常规模较小，同时缺乏作为抵押担保的资金或资产。风险投资的投资决策主要建立在投资者对技术和产品认同的基础上，无须财产抵押，用资金就可以直接换取公司的股权。

（2）风险投资的投资期限为 3 ～ 5 年，投资方式一般为股权投资，投资人占据被投公司 30% 左右的股权，且不需要担保或抵押。

（3）风险投资人不仅能够为公司提供资金支持，还能给公司带来一定的资源。这样项目的后期发展和后续融资都会顺利许多。

阿里巴巴刚建立时，曾向多个风险投资机构寻求资金援助，均被拒绝。随后，日本软银集团的孙正义在与其创始人马云的谈话中被打动，决定向阿里巴巴投资2000万美元。按照其上市时的估值计算，孙正义所持有的股份市值已经高达580亿美元，比最初的投资金额高出上千倍。

回想阿里巴巴建立初期，我国的互联网尚未得到普及和发展，国民经济发展水平远不如现在，电脑和智能手机都是奢侈品。在这样的情况下，阿里巴巴“排除万难”，坚持把生意做到线上，或许就是这种“世人皆醉我独醒”的态度深深吸引了孙正义。

对于想吸收风险投资的中小型高新技术公司来说，具备预测未来的能力非常重要，这在很大程度上决定其拥有的财富数量。创业是“创”未来，投资也是“投”未来，我们应该三思而后行，把握住发展趋势后再出手，从而更有效地吸收风险投资。

9.2 全球投资

随着资本市场的发展，世界各国的关系日益紧密，跨国公司在经济全球化发展中发挥着非常重要的作用。这就要求我们在稳定发展国内市场的基础上，积极开展国际贸易，充分借鉴实现IFC国际投资和跨国投资的成功范例，建立全球化的经营战略，从而实现公司的长远发展。

9.2.1 IFC国际投资

IFC是国际金融公司的简称，是世界银行旗下的大附属机构之一。其首任总裁罗伯特在就职演说中提及：国际金融公司将会是第一个以推动私营企业发展为己任的政府组织。其宗旨是与世界银行相配合，为各国的重要民营公司提供资金。同时，鼓励资本流向发展中国家，通过这种方式推动经济发展。

牧原集团是集养猪、屠宰、饲料加工于一体的大型农牧公司，每年出栏生猪约320万头，屠宰、加工生猪约100万头。2021年4月，牧原集团入选2020年全国农业产业化龙头企业100强，名列榜单第19位。牧原集团能取得如此飞速的发展，与IFC的投资有着密切的关系。

双方的合作始于2012年，IFC向牧原集团的子公司卧龙牧原提供了一笔2000万美元的项目贷款。此次合作使IFC深切感受到牧原集团的发展前景及公司实力。次年，IFC派遣专家前往牧原集团进行实地调查，并决定为其子公司钟祥牧原提供3000万美元的贷款，用以推进牧原集团的一体化养殖产业发展。这一举措为牧原集团后续的专业化、国际化发展埋下伏笔。

IFC的专家表示：“牧原集团是IFC在华投资合作最成功的企业，也是IFC在华投资最成功的案例之一。牧原集团正在向国际化迈进，面向全球运作发展，IFC有能力更有动力支持牧原更好地发展。”

自建立合作关系以来，牧原集团一直是IFC的最佳合作伙伴。在国际资本的助推下，牧原集团飞速发展，业绩辉煌。如今，牧原集团已经成为国内领先的一体化养殖公司，并且仍致力于继续提升公司综合实力，力求在与IFC的合作发展中实现携手共赢。

目前，我国已成为全球范围内IFC投资数量增长最快的国家之一。从IFC这几年的投资及运作逻辑不难发现，IFC重点关注那些处于基础设施、环境保护、金融等行业的中小型民营公司。因此，我们也应该努力实现公司的可持续发展，维护公司的优质信用，为公司吸引IFC国际投资。

9.2.2 跨国投资

跨国投资，即投资人将资金投入两个及以上国家的投资形式。实际上，许多垄断公司都会通过跨国投资在其他国家建立分支机构，因为这样不仅可以充分利用公司的闲置资本，还可以充分利用其他国家的自然资源和劳动力。当然，也有许多未形成垄断的公司通过跨国投资引进国外先进技术，同时推动自身公司及本国经济的快速发展。如今，跨国投资已经成为各个国家间经济往来的重要方式。

经过180多年发展，宝洁的分公司已遍布全球80多个国家和地区，其产品囊括化妆品、护发、洗发、婴儿护理、医药、家居等300余种。在2020年《财富》全球500强名单中，宝洁名列第156位。

许多人可能会下意识地认为，宝洁的成功归功于其优秀的经营战略。实际上，宝洁创立的第22年只有80名员工，其年销售额刚刚突破100万美元。而在经过3次重大的跨国投资后，到宝洁公司创立第100年时，其年销售额已超过 2.3 亿美元。

宝洁在早期发展过程中实施了多种经营策略，并在完成多次内部改革后，开始实行跨国投资的经营战略。在其创立 150 周年时，宝洁已经进行了十余次跨国投资，这一系列收购活动推动了宝洁的全球化进程。

2020 年，宝洁实现了近 14 年来的最好业绩。截至 2020 年 6 月 30 日，其营业收入达到 710 亿美元，净利润 131 亿美元，实现了 230% 的增长。

宝洁公司能取得如今的成就，与其跨国投资战略密切相关。这一战略与其同时进行的多种品牌经营相辅相成，在用户心中树立了一个具有雄厚资本实力的品牌形象。与此同时，宝洁还充分利用广告战略推动跨国投资战略的实施，加深了用户对品牌的信赖感，为产品销售提供了长远且巨大的推动力。

在经济全球化趋势下，我们也应该借鉴宝洁公司的经验，以稳固的国内市场为基础，以效益最大化、资金配置最优化为原则，同步实施多品牌、协同发展等战略措施，积极推动国际贸易往来，实现公司更为长远的发展。

9.3 产权投资

随着中国金融业的快速发展，产权投资方式得到越来越广泛的认同。这种以产权为对象的投资活动，能够显著扩大公司经营范围，提升公司的运营效益。不仅如此，产权投资还能改善公司管理结构，有效推动管理变革。

9.3.1 杠杆收购

杠杆收购又名融资并购，是一种常见的金融策略，即利用目标公司的资产及未来收益作为抵押收购该公司。许多收购方会利用融资或贷款去支付 70% 及以上的交易费用，同时使用被收购公司的未来收益支付借贷利息，最大限度地减少自身现金开支。

在环球信贷危机前后的经济停滞期，大部分公司都在实行紧缩政策，拥有强大技术实力的沃尔沃公司也不例外。对吉利汽车而言，收购沃尔沃必将实现公司业务发展的重大转折，但收购难度也是极高的。为此，吉利汽车总裁李书福专门组建了收购团队，邀请世界著名律师事务所、投资银行、顾问公司作为法律顾问、项目顾问及公关顾问。

此次收购谈判持续了近两年，当沃尔沃的销量又一次出现大幅下跌后，福特公司终于宣布，吉利汽车将以18亿美元价格完成对沃尔沃的收购。虽然吉利汽车的中标价为18亿美元，但加上后续支撑费用，其投入资金总额超过27亿美元。当年吉利汽车的净利润仅为13亿元，就算加上全部流动资产也只有38.7亿元。那么，吉利汽车该如何筹集这笔巨额资金呢？

吉利汽车采用了杠杆收购方式，与金融机构及地方政府签订协议，融资金额占收购总额的77%以上。其中，吉利汽车以股权置换形式向大庆公司借款30亿元，向高盛公司定向发行25亿港元的股权及债券，同时向各大银行申请了总额约10亿美元的贷款。除此之外，吉利汽车还建立了融资平台，多家公司及地方政府投入大量资金，将其设立为吉利兆圆国际投资有限责任公司。

2011年8月，国家发改委、商务部、外汇管理局陆续通过此次对外投资项目的审批，吉利汽车正式宣布，针对沃尔沃汽车公司的收购工作全部完成。

虽然公司的所有权发生了改变，但沃尔沃在瑞典的总部和在其他地区的生产厂都得以保留，同时沃尔沃管理层还拥有高度自主权。当然，吉利汽车也将得到沃尔沃公司大量的知识产权，在将这些技术进行消化与吸收后，吉利汽车在品牌溢价能力、产品竞争力、资金转化率等方面实现了全方位提升。

通过这一案例，我们可以将杠杆收购简化为下述步骤。

（1）设计准备。由收购方制定收购方案，并与被收购方谈判，同时进行融资准备。

（2）集资和融资。通常情况下，收购方会先从本公司的管理层中筹集收购总额的10%～20%，再向投资人定向发行占收购总额20%～40%的股权或债券。此外，还会抵押被收购方的资产，向金融机构进行大笔借贷，贷款金额为收购总额的50%～70%。

（3）完成并购。收购方利用筹集到的资金购进被收购方的全部股份，实现完全控股。

（4）对被收购方进行整改。在完成整改后，被收购方的盈利能力将会恢复到被收购前，这样可以显著降低并购带来的债务风险。

杠杆收购还能有效去除过度多元化带来的价值破坏，提高公司的运营效益。与此同时，由于公司背负巨额债务，管理层也会想方设法提升业绩，降低运营成本，扩大市场占有率，完善生产流程，剥离非核心业务。从这个角度出发，杠杆收购还能有效推动公司的管理层变革。

9.3.2 基于产权做交易

产权交易，即交易双方按照法律规定及双方协定的内容，通过出售、购买、兼并等方式，将一方公司产权移交给另一方，使被交易公司的法人实体改变或失去法人资格。这种投资方式兼具市场性、复杂性、限制性、多样性，通常可根据交易形式分为以下几种。

（1）资产转让。资产所有者与需求者进行有偿交换，也就是交易双方按照等价原则，利用货币与实物资产进行价值交换。

（2）公司兼并。一家公司兼并另一家公司的产权，在兼并完成后，兼并方将作为存续公司保留原有名称，被兼并方则会变更法人实体或者失去法人资格。

（3）资产租赁。一方通过支付租金的方式，在一段时间内获得另一方资产的使用权，主要有服务性租赁、经营性租赁、融资性租赁三种形式。

（4）产权拍卖。产权所有者通过竞买，将产权转让给出价最高的求购者，主要有所有权拍卖、经营权拍卖两种形式。

（5）股份转让。公司股东将持有的股份有偿转让给他人。在失去股份后，公司股东也会失去相应的收益权和表决权。

（6）承包经营。在签订承包经营合同后，公司的部分或全部经营管理权将会在一定时间内交给承包人。在获取收益的同时，承包人也应承担相应的经营风险。

绿地集团以房地产经营为主营业务，兼营金融、能源等多个业务，是一家特大型集团，在2020年《财富》中国企业500强中位列第21位。绿地集团计划通过产权交易方式融资，实现公司资本的扩增，同时发展混合所有制经济，完善集团内部所有制形式及治理结构，提高公司竞争力，扩大自身经营规模。

绿地集团的产权交易采用了两轮认购的交易方式。在项目公告期内，公开征集意向投资人，并由绿地集团和上海联交所对其进行资格审核。在项目公告期满后，通过资格审核的意向投资人会收到资格确认通知书，即参加第二轮认购的邀请函。

在此次增资扩股后，绿地集团股本总数由82.72亿股扩增为103.72亿股，进一步完善了股权的多元混合模式。这种两轮认购的交易方式，形成了一种规范、透明的市场询价均衡机制，充分发挥市场配置资源的作用，帮助绿地集团更好地实现其预期目标。

9.4 整合型投资

为了实现规模经济或产生协同效应，许多公司通过与周边产业进行专业化协作、结盟经营等，实现整合型投资。这种投资方式的优点在于公司控制权不会发生变更，且能快速增强公司的竞争优势，缺点在于公司管理层要承担较高的财务风险，同时由于投资规模受限，很可能会对公司发展造成阻碍。

9.4.1 签订合约，保证协作专业化

专业化协作通常产生于公司与周边产业进行合作的过程中，例如零部件供应商与生产商、养殖公司与农产品加工公司等。作为一种存在于公司之间的隐形融资，专业化协作在全球范围内皆适用，各种规模的公司都可以利用这种方式扩大生产规模。

传统融资方式都是公司获取资金后，通过生产、经营等活动扩大自身生产规模，而专业化协作型融资则是借助合作公司的生产能力实现扩大再生产，尤其适合那些加工或组装性质的公司。若采用传统融资方式，再优质的项目也需要经过长时间的基础建设后才能投入生产。在漫长的准备期完成后，市场很可能已经趋于饱和。专业化协作型融资则可以节省相应的基础建设和融资等待时间，具有极强的优越性。

华为通过专业化协作实现了巨额的隐形融资。如今，华为每年都会举办

“企业业务合作伙伴答谢会”或者“生态伙伴大会”，对合作伙伴、战略同盟表示感谢。

2019 年 3 月，华为在福州举办了“生态伙伴大会”，2 万余人参会。在大会上，华为董事阎力大表示：“华为的企业业务已达到 100 亿美元的销售里程碑。2018 年华为的收入规模达 500 亿元，每年的复合增长率有 30%。华为目前已有两家年收入超过百亿元、100 家年收入超过 1 亿元的合作伙伴。”

与合作伙伴的专业化协作，在华为走向国际化的过程中发挥了无可替代的作用。华为未来的发展也将与合作伙伴密不可分。

专业化协作型融资要求我们打造与周边产业的合作网络，在此基础上展开生产、经营活动。进入合作网络的公司，都需要遵守相应的行为准则，从而保证各方的生产、经营活动顺利开展，实现预期融资目标。因此，除了产品生产外，这种综合性合作圈还可能会关系到产品的研发、仓储、物流、营销等方面，这也使得参与合作的公司必须严格履行自身承诺。

9.4.2 增资扩股，与其他公司结盟经营

增资扩股型融资，即公司通过股东投资、增发股票或债券、向社会募集资金等方法扩大公司的总体股本，从而获取相应的资金。通常情况下，我们会按照资金来源将其分为外源融资和内源融资。

增资扩股的优点在于其能为公司筹集大量自由资本，不仅不会降低公司还款的能力，还能直接获取设备和先进技术，显著扩大公司规模，迅速提升公司生产能力。与此同时，公司将会按照经营情况向投资人支付报酬。这种支付方式十分灵活，并不会对公司产生支付压力，能有效降低公司财务风险。

与之对应，增资扩股型融资的不足也十分明显。由于投资人将直接参与分享公司收益，会为公司带来较大的潜在资金成本，尤其是在公司盈利能力强、经营情况好的情况下。不仅如此，投资人也可能会要求公司提供部分经营权，这也会对公司经营产生不同程度的负面影响。

A 公司的注册资金为 1600 万元，计划融资 800 万元。若利用房产抵押获取银行贷款，A 公司需要支付担保费、反担保措施费、银行利率、评估费、公证费等一系列费用。这样，其融资成本很可能超过贷款总额的 10%。若贷

款期限为1年，A公司需要支付至少80万元的融资费。

如果A公司采用增资扩股的方式融资，则需要将注册资本提升至2400万元，增发800万股。在A公司股东放弃自身优先购买权的情况下，就可以交由B公司以800万元的价格对价买入。在增资扩股完成后，B公司将成为A公司旗下的公司，并为其提供800万元资金。在减小A公司的支付压力，节省其融资成本的同时，B公司也可以获取股权分红。

由此我们不难发现，增资扩股不仅可以快速、低成本地解决公司资金短缺的问题，还可以凭借股权的联结作用提升公司的行业地位，更好地保证交易双方的收益。

第10章

股权设计：精准分配各方利益

公司股权设计的作用是明确创业合伙人之间的权利、责任，使创业公司稳定发展。股权架构不仅是影响公司控制权的最重要因素，还是投资人考察项目时会重点关注的一个方面，所以，我们要重视股权架构的设计，通过资源的合理利用精准分配各方利益，从而实现公司利益相关者的共赢。

10.1 股权设计新逻辑

对处于创业初期的公司而言，股权分配牵扯到两个重要问题，其一是创始人是否拥有对公司的控制权，其二是公司是否可以由此获取更多资源，获得经济回报。在绝大多数情况下，保持控制力和获得资源难以两全，因为外部资源的投入通常建立在削弱创始人控制力的基础上。

因此，我们应该掌握股权设计的新逻辑，在保证自身控制权的同时，吸引更多的资源与人才，实现经济效益最大化。

10.1.1 公司控制权“保卫战”

公司的控股权不等于控制权，但要想获得公司控制权，创始人必须牢牢把握公司的控股权。如果自身股权在融资中不断被稀释，创始人仍需要在股东会和董事会上有较强的控制力与影响力，可以考虑以下建议。

1. 保持占股比例最多

对于初创公司而言，核心创始人持股不能低于50%，联合创始人占10%～15%，天使投资人不能超过15%，同比例稀释15%作为期权值。

股份对于维持控制权有关键作用，所以股份要给最重要的人，要给对公司发展有重大贡献的人。作为公司创始人，应当明白股份并不等同于激励机制，股权背后对应的是公司的控制权，不能轻易将自己的股份交给他人。

2. 归集小股东表决权

归集表决权，即将其他小股东的表决权交由创始人统一行使，这样可以增大创始人在股东会和董事会实际控制的股权表决权的数量。

例如，创始人只有20%的股权，所对应的就只有20%的表决权。当他归集其他股东30%以上的股权后，他就会拥有超过50%的表决权。在这种情况下，即便创始人自身股权低于50%，也能拿到高于50%的表决权，从而达到控制公司的目的。

3. 管理层收购（MBO）

管理层收购，即公司管理层通过股权交易收购本公司投资人股权的行为。管理层收购能够引发公司所有权、控制权和资产结构的变化，新的管理层将以所有者和经营者合一的身份主导公司重组，进而获得产权预期收益。

管理层收购可以激励内部人员积极性、降低代理成本、改善公司经营状况，因此被视为一种有生命力的金融制度，对很多创业公司的管理层有较强的吸引力。

乐普医疗管理层的杠杆融资、股权收购是管理层收购的经典案例。其总经理蒲忠杰，通过资产管理计划融资 7.54 亿元后，开始收购大股东股份，最终累计持股比例增至 29.3%，成为公司实际控制人。完成管理层收购后，乐普医疗被业内人士看好，其股价一路高涨。

4. 修订公司章程

创始人可以通过修订公司章程的方式，提升外部竞争者的收购难度和时间成本，进而确保自身控制权。例如，在公司章程中对股东的界定增加“连续持股时间需要达到 12 个月以上才有提案权和投票权”的条款，对新增股东的提案权与投票权进行限制，从而减低恶意收购的风险。

无锡常欣科技股份有限公司曾修订公司章程，在第二十八条第二款中增加了一项内容——“公司董事、监事、高级管理人员在离职后半年内，不得转让其所持有的本公司股份”，从而保证了该公司的股份不会因为高层人员的人事变动而发生剧烈变化，对创始人掌握公司的控制权十分有利。

5. 双层股权结构

随着融资轮次的增多，创始人的股权会被稀释得越来越少，最终威胁到创始人对公司的控制权。在这种情况下，采用双层股权结构将股权和投票权分离成为上市公司的普遍选择。

为了解决控制权问题，京东创始人刘强东效仿谷歌、百度采用了双层股权结构。京东上市后，刘强东将其持有的 5.65 亿股转为 B 类股票，每股有 20 份投票权。其他新旧投资人持有的都是 A 类股票，每股有 1 份投票权。据此，刘强东获得了83.7%的投票权。

双层股权结构通过增大创始人每股投票权的方式，增大创始人在股东会表决时的权重，是一种增强创始人控制权的积极策略。

10.1.2 碰上股权纠纷怎么办？

股权融资是最常用的融资方式，但操作不好会让公司陷入股权纠纷，从而影响公司正常经营。那么，当我们遇到股权纠纷时应该如何处理呢？

以下即为常见的公司内部股权纠纷和相应的处理办法。

1. 股权转让双方之间的纠纷

最常出现的纠纷就是股权转让双方之间产生的纠纷。例如，一方要求另一方履行转让合同、终止转让合同、支付股权转让款、支付违约金等。

《中华人民共和国民法典》第五百九十三条规定：“当事人一方因第三人的原因造成违约的，应当依法向对方承担违约责任。当事人一方和第三人之间的纠纷，依照法律规定或者按照约定处理。”

我们可以据此将合同的相对人列为被告，若涉及公司利益，还应将公司列为第三人。

2. 涉及优先购买权的纠纷

这类纠纷通常发生在股权转让合同签订完成后，由于转让股东并未履行告知其他股东的义务，其他股东主张合同无效，并要求行使自身的优先购买权。

《中华人民共和国公司法》第七十一条第二款规定：“股东向股东以外的人转让股权，应当经其他股东过半数同意。股东应就其股权转让事项书面通知其他股东征求同意，其他股东自接到书面通知之日起满三十日未答复的，视为同意转让。其他股东半数以上不同意转让的，不同意的股东应当购买该转让的股权；不购买的，视为同意转让。”

处理这类纠纷需要我们结合相关法律法规，将转让股权的股东列为被告，将公司列为第三人，涉及其利益的股东也一并追加为第三人。

3. 瑕疵股权转让的纠纷

瑕疵股权，即公司设立时股东未出资、公司设立后股东抽逃资本等瑕疵出资行为对应的股权。在瑕疵股权转让期间，若股权受让方知悉转让股权存在出资瑕疵，则需要进行资金补足，公司有权将受让方列为被告，要求其承担连带责任。若受让方不知情，则可以将转让方列为被告，要求其撤销转让合同。

4. 涉及隐名股东与显名股东的纠纷

隐名股东，即借用他人名义出资或设立公司，在公司的股东名册等登记资料中无记载的实际出资人。相应地，显名股东即记载于登记资料中却没有出资的股东。

在隐名股东与显名股东产生股权纠纷时，通常会将显名股东列为被告，若隐名股东要求显名，则需要将公司列为被告；若第三人与显名股东产生股权纠纷，则需要将显名股东与公司列为共同被告；若第三人与隐名股东产生股权纠纷，则需要将隐名股东列为被告。

当遇到其他股权纠纷或仅通过民事诉讼无法解决问题时，我们还可以对此提出上诉。

在实际操作中，公司由于股权纠纷被迫倒闭的案例数不胜数。我们应当重视股权设计，并及时对分配不合理的情况进行调整，尽量避免出现纠纷。

10.2 股权设计注意事项

对于一家初创公司而言，合伙人之间的股权分配问题比其他问题更有可能导致公司灭亡，甚至可能会使公司在正式成立之前夭折。因此对创业者而言，懂得如何确定创业公司的股权分配方案是一件非常重要的事情，下面介绍股权设计的几点注意事项。

10.2.1 股权支付：没给钱也得算成本

股权分配首先考虑的因素是出资比例。从法律角度看，股权比例就应当由出资比例决定。一般情况下，如果全部合伙人优势基本相当，则可以按照出资比例分配股权。但在科技型、互联网型创业公司里，创意或者执行力都是比资金更重要的成功武器。因此在分配股权时，我们可以从资金、能力、资源等多个维度综合设计股权结构。

创业者早期创业时需要的资源非常多，但重要性各不相同。不是所有资源提供者都可以作为合伙人分配股权，如短期或阶段性发挥作用的兼职人员。对于价值不高的资源，创业者不应当用股权去交换；对于提供高价值资源的合伙人，则应当提升其股权比例。

下面针对不同资源提供者确定相对应的股权分配方法。资源提供者如图 10-1 所示。

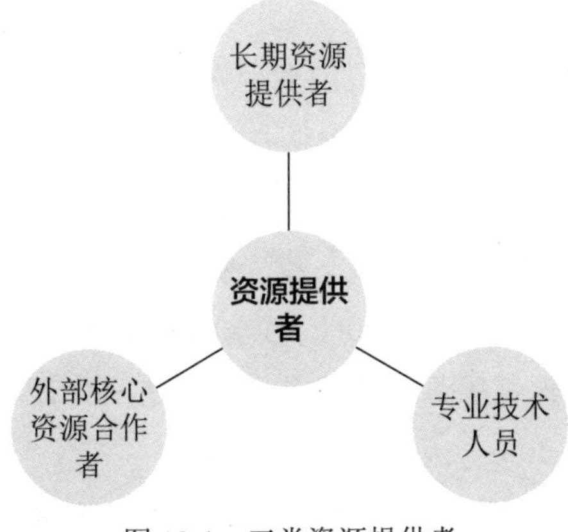

图 10-1　三类资源提供者

1. 长期资源提供者

对长期资源提供者，应当考虑利益合作分成、利益与贡献的累进制分成，以及适当比例的股权长期绑定。具体分配的股权比例应当视资源对项目发展的重要程度而定。对于那些承诺投入短期资源，却不考虑全职参与创业的人，应当仅仅考虑项目分红，谈利益合作，无须通过分配股权进行长期、深度绑定。

2. 专业技术人员

如果专业技术人员是全职创业，应当给予较高比例的创始股权，并且按照合伙人标准分期、分批授予股权。对于不全职参与创业的兼职技术人员，可以通过期权池分配少量股权，但不要按照合伙人的标准进行分配。

3. 外部核心资源合作者

对外部核心资源合作者，创业者可以通过期权池和虚拟股票进行业绩激励和价值绑定。这种操作方式不需要做工商登记变更，股份由创始合伙人或有限合伙企业代持就可以。

对于资源提供者的股权分配，应当科学评估其所提供资源在初创过程各个阶段的作用。创业项目的启动、测试、推出等各个阶段对资源的需求不一样，股权安排应充分考虑不同阶段资源提供者所起的作用，以充分调动合伙人的积极性。

10.2.2 谁创造价值，谁分配利益

现在，大多数公司会按照出资的多少来分配股权，这也是《中华人民共和国公司法》（以下简称《公司法》）中明确规定的。但是此方式没有体现贡献的合理价值。

A、B、C 三人共同开了一家公司，A 出资 500 万元，占股 50%；B 出资 300 万元，占股 30%；C 出资 200 万元，占股 20%。在公司经营一年以后，B 提出离职，但希望保留股权，原因是公司没有规定股东离职后必须把股权退回。

此时就出现一个问题：A、C 继续经营公司，显然是对公司发展做出了更大贡献；而 B 只是出资 300 万元，没有参与公司后续经营，却占了 30% 的股权。显然，这对 A、C 来说是不公平的。对此，最合理的解决方法是谁创造价值谁分配利益，不仅要对钱定价，还要对人定价。资金只占股权的一部分，而剩下的部分应该分配给做出贡献的人。

以上述案例为例，按照公司的整体估值，资金占股比例应控制在 30% ～ 70%，余下部分可以对做出贡献的人进行激励。按照这样的分配方法，B 在一年后离职，只能保留一部分股权，并不能对公司造成很大的影响。

现在是知识经济时代，很多公司都是轻资产技术驱动型而不是资金资源驱动型。以下面这几家公司为例，如表 10-1 所示。

表 10-1 滴滴、腾讯、苹果股权现状

公司名称	启动资金	市　值	1% 股权投资价格
滴滴出行	80 万元人民币	1200 亿元人民币	12 亿元人民币
腾讯	50 万元人民币	1569 亿美元	15.6 亿美元
苹果	1250 万美元	6653 亿美元	66.53 亿美元

很显然，上述几家公司创造价值的并不是早期投入的资金，而是整个团队研发出的核心技术。虽然技术在公司发展中有举足轻重的作用，但也不能忽视对技术类股份的限制。

试想，一个重要的股东突然要离职，而公司可能无法按照市值回购其股权，这样就会使公司的资金压力增大，甚至可能面临资金链断裂的风险。面对这种情况，最好的办法就是让股东拿限制性股权。这样做的好处是可以让股东的股权分期成熟，分期兑换。常见的股权成熟和兑换机制有 3 种。

（1）股东的股权分 4 年成熟，即每年可以成熟 25% 的股权。

（2）第一年成熟 10% 的股权，第二年成熟 20% 的股权，第三年成熟 30% 的股权，第四年成熟 40% 的股权，此后逐年递增。

（3）入职满两年的股东可以成熟 50% 的股权，入职满 3 年的股东可以成熟 75% 的股权，入职满 4 年的股东可以成熟 100% 的股权。

按照这样的模式，即使中途有股东离职，引发股权收购问题，对于还没有成熟的股权，公司还是可以用原价回购。此外，对于已经成熟的股权，公司可以根据实际情况选择回购或者不回购。这样既保证了股东不会轻易离职，也可以缓解公司的资金压力。

10.2.3 事先约定退出机制

为避免在股东与合伙人退出公司时出现不必要的纠纷，我们需要提前制定完善的退出机制，其中最重要的原则是“退出即退股，不带股退出”。此外，如果出现股东与合伙人退出公司的情况，我们应该签订资产分割协议和股权退出协议。这样既能够以合同的形式将各自的义务与权利明确化，并赋予其法律效力，同时也有利于确保股东与合伙人在退出公司之后，不会给公司带来太大的负面影响。

郑飞、李亚东、王培林三人合伙创办一家公司。其中，郑飞出资50万元、李亚东出资30万元、王培林出资20万元，分别获得50%、30%、20%的股权。在创业初期，这样的股权架构没有什么问题。一年之后，李亚东和郑飞之间产生了矛盾，恰逢有其他公司拉李亚东入伙，李亚东遂决定退出，但坚决不同意退股。

李亚东给出的说法是，首先，股权不是免费获得的，而是他自己用30万元换来的；其次，从公司成立第一天开始，他就参与其中，既有功劳也有苦劳；最后，公司章程中没有规定退出公司就必须退股，而且也没有签订相关的协议。

郑飞和王培林找不到反驳的理由，也没有办法将李亚东的股权强制收回。但是他们认为，自己辛辛苦苦将公司做大，终于到了能获得回报的时候，李亚东要退出公司还要继续拿回报，这不公平。

实际上，这种情况不难处理。一般来说，各合伙人在决定合伙时都会设置一个时效约束，即约定合伙的时间。时间过后，如果选择退出，就必须把股权还回来。

如果时间没有到，合伙人要求中途退出，那么可以根据公司的状态分两种情况处理。

（1）公司处于亏损状态：不归还当初的出资额，合伙人净身出户，股权转让给其他股东或者第三方（首先要询问其他股东是否愿意购买股权，如果不愿意购买，再将股权转让给第三方）。

（2）公司处于盈利状态：不归还当初的出资额，将本年度收益按照股份比例分配给合伙人。同时，签订一份股份转让协议，将合伙人的股权转让给其他股东或者第三方，以后公司的盈利和亏损都与退出的合伙人无关。

退出机制在公司发展过程中非常重要。只有对合伙人进行一定的约束，使其中途退出的成本不断增加，才可以让团队成员一起努力，把公司做大做好。

10.2.4　落地载体：股东协议+公司章程

在股权架构设计完成后，我们还需要使用载体推动落实。股东协议和公司章程都是股权设计的常用载体，这两种形式各有侧重点，我们可以根据公司现状及股东关系进行选择。

1. 股东协议

股东协议是股权架构落地的一个重要载体。股东协议是无名合同的一种，具有较强的灵活性和自主性。

股东协议无须在市场监督管理局备案，也无须进行行政审批，若协议中未表明生效条件或期限，则默认在协议签订后生效。与此相对应，这份协议也只能用于约束签署协议的股东，拒绝签署及尚未签署协议的股东均不受其约束。当然，协议内容不得违背法律规定，否则就会失去约束力。

尽管《公司法》赋予公司章程较大的权力，但在公司实际运营中，公司章程的每次变更都要获得2/3股东同意。与此同时，具有特殊约定的公司章程也较难得到工商部门的备案。在这种情况下，公司的控股股东便可以使用股东协议对公司章程及交易协议进行补充。这样不仅可以弥补上述不足，还可以满足股东的个性化需求。

对于有限公司的股东而言，退出公司远比入股公司难得多。尽管中小股东可以采用一些保障自身利益的诉讼手段，但这些手段的适用范围较窄，诸如利益分配、大股东行使优先购买权等问题均不适用。而公司章程只能较好地在事前对公司进行规划，不能妥善解决事中及事后出现的问题，也不能很好地反映股东的真实诉求。

在这种情况下，股东协议的灵活性就显得格外重要。对于表决权的特殊安排、薪酬事项、管理层的选任制度与监督事项等问题，都可以通过股东协议得到体现，从而保障中小股东的基本权益。

2. 公司章程

公司章程是股权架构落地的另一个重要载体。如果说股东协议主要解决股东的个性问题，那么公司章程主要解决的就是公司的共性问题。

很多公司并未认识到公司章程的重要性。例如，《公司法》规定，在公司章程内容发生变更时，通过表决需要获得2/3以上的表决权同意。这也在某种意义上赋予了大股东更强的控制能力。签署股东协议则需要各方达成一致，这并不利于大股东实现对公司的控制。

公司章程的效力范围较广。在某种意义上，公司章程对公司的意义相当于宪法对国家的意义，公司章程的效力主要包括以下两个方面。

第一，时间效力。公司成立时制定的首份公司章程，与公司设立协议相当，公司的初始股东在公司章程生效后就会受到约束；公司章程中涉及尚未履职的管理层人员、尚未加入的新股东等部分内容，则会在他们经工商部门登记后受到公司章程的约束；公司成立后公司章程的变更部分，若其修改条件符合相关法律规定，则会在修改后立即生效，否则将不具备法律效力。

第二，对人的效力。对于公司而言，公司章程的效力主要包括对公司内部活动及公司自身行为的约束力；对于股东而言，公司章程的效力具有扩张性，在公司章程确立后加入公司的股东，默认接受该公司的章程。

总而言之，公司章程是股权架构落地的必备载体，除了可以满足法律规定，还可以解决部分股东的个性化需求，所有公司都需要设立公司章程。股东协议是股权架构落地的重要载体，多用于解决股东的个性化需求，并非所有公司都需要签署股东协议。我们可以结合公司需求、功能要求、股东关系等灵活选用这两种载体。

10.2.5 股权布局动态规划

静态股权分配主要是以出资比例为依据分配股权。这其中存在的问题是，如果获得大部分股权的人后期贡献较小，容易引起其他合伙人的不满情绪，贡献较大却没有得到相应回报的一方，可能会提出重新谈判或者另起炉灶。基于这种情况，动态股权分配应运而生。

张鹏和自己的好朋友李子龙共同创办了一家音乐公司。张鹏担任首席执行官（CEO），负责产品推广和品牌建设；李子龙担任首席技术官（CTO），负责技术方面的工作。后来，为提升公司竞争力，李子龙又邀请高宇担任首席运营官（COO）。

起初，三人没有太过关注股权分配的事情。然而，就在市场情况逐渐变好、公司进入快速发展阶段时，张鹏和李子龙因为理念不同产生分歧，股权分配不均的矛盾随之显现，团队面临分崩离析的风险。

不过三人尚未产生“散伙”的想法，为挽救公司，三人决定根据业务现状、未来规划、发展阶段等因素制定动态股权分配机制，如图10-2所示。

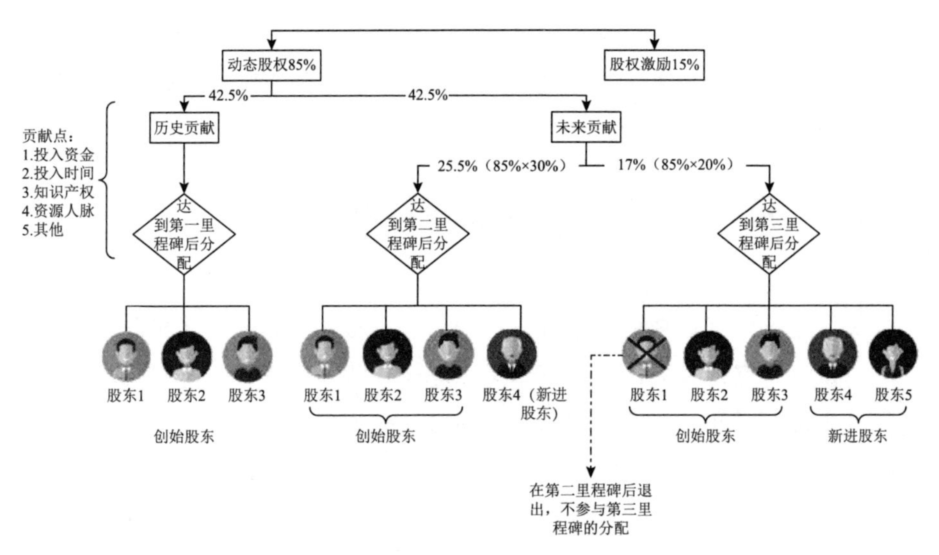

图 10-2　动态股权分配机制

在动态股权分配机制的帮助下，张鹏（股东1）、李子龙（股东2）、高宇（股东3）之间的关系发生变化，公司的发展和股东的利益也达到平衡状态。三人重新走到一起，竭尽所能提升自己的实力，促进公司迈向下一个新的阶段。

在上述案例中有一个非常重要的概念——“里程碑”，这是公司根据不同发展阶段对自身状态临界点的一个定位。设置合适的“里程碑”，既可以保证公司在每一个发展阶段都朝着正确的方向前进，还可以促使员工为共同的目标而努力，从而实现最终愿景。如果落实到动态股权分配上，里程碑可以有很多种形式，如产品设计完成、公司上市成功等。

例如，产品导向型公司可以根据产品研发、市场推广等情况设置“里程碑”。如果我们将“里程碑”设置为产品成功研发并通过测试，意味着我们十分重视产品研发，人力、物力都会向研发部门倾斜。在这种情况下，如果上述关于产品的“里程碑”顺利达成，那么负责研发的合伙人自然有资格得到符合自己贡献的回报。

同样，当其他“里程碑”达成之后，也会有相应的合伙人发挥作用并获得回报。对于大多数公司来说，一个“里程碑”顺利完成之后，要立刻进行审视和修订，设置更有价值的、更高效的、更有意义的、更具挑战性的“里程碑”。

动态股权分配是一个强有力的纽带，可以把公司利益与合伙人利益连接在一起。鉴于此，合伙人贡献的增加，将直接推动公司向下一个发展阶段迈进。

10.3 公司必知的 3 种股权结构

股权是每位创业者的必修课，股权分配是公司上市后要走的第一步。为了公司可以更好地发展，一定要多方面学习股权相关知识。在了解股权设计的注意事项后，我们还要明确常见的股权结构，并根据公司实际经营情况进行选择。

10.3.1 分散型股权结构

分散型股权结构，即公司内部不存在大股东，公司所有权与经营权分离，每个股东所持股份均低于 10%，如图 10-3 所示。

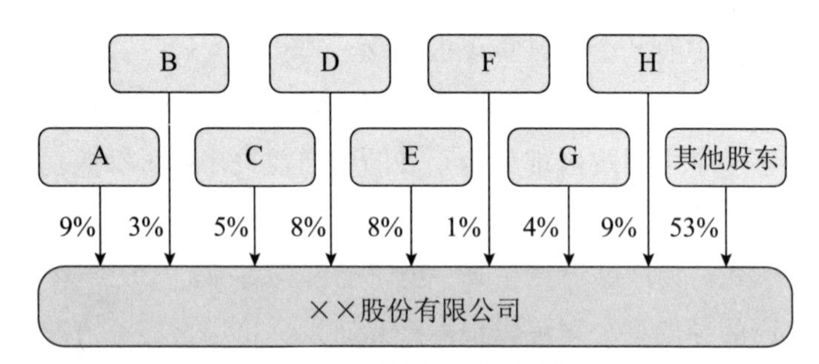

图 10-3　分散型股权结构

在股权高度分散情况下，每位股东权力均等，从而形成一种制衡机制，有利于公司的民主化管理，有利于充分发挥经营者的潜力。此外，还可以降低股权的流动性风险，为股东带来稳定的收益。

这种股权结构的缺点也很明显：股权的高度分散会导致股东无法在短期内达成一致，从而导致公司决策效率降低。此外，各股东之间存在监督成本，经营者则有机会利用信息优势为自身谋利，从而损害股东利益。

在公司采用分散型股权结构的情况下，公司创始人可以采用归集表决权的方式重新取得公司控制权，即将其他小股东的表决权拿过来由创始人统一表决，这样就可以增大创始人在股东会和董事会实际控制的股权表决权的数量。

例如，创始人有 10% 的股权，所对应的就只有 10% 的表决权。当他把其他几个小股东拥有的 40% 以上的股权归集在一起的时候，他就会有超过 50% 的表决权。我们可以通过以下方式行使表决权归集。

1. 表决权委托

这是创始人归集表决权最简单的方法。即通过签署授权委托书的方式，由小股东直接将自己持有的表决权授予创始人。通常情况下，表决权委托必须约定一个较长的授权期限。

2. 签署一致行动协议

创始人与小股东签署协议，大家按照统一意志对公司事项进行表决，如果小股东与创始人意见不一致，则按照创始人的意志进行表决。

3. 通过持股实体控制小股东表决权

这是一种复杂但稳定可靠的方法。即将公司股权以持股实体的方式间接赋予小股东，创始人通过成为该持股实体的法人或合伙人，实际控制公司的表决权。

这样，即便创始人自身股权低于 50%，也能拿到高于 50% 的表决权，从而实现控制公司的目的。

10.3.2 控制型股权结构

控制型股权结构，即公司中存在拥有 50% 以上公司股份的绝对控股股东，这位股东拥有公司的绝对控制权，如图 10-4 所示。

公司的控股股东通常为公司创始人，股权的高度集中方便创始人联合其他股东进行表决，或者直接参与公司经营，从而极大地提升公司决策效率。与此同时，创始人有理由和能力对公司管理层进行监管，其控股行为也会增强其他股东对公司的信心，减少股东与代理者之间的摩擦，有利于公司长久发展。

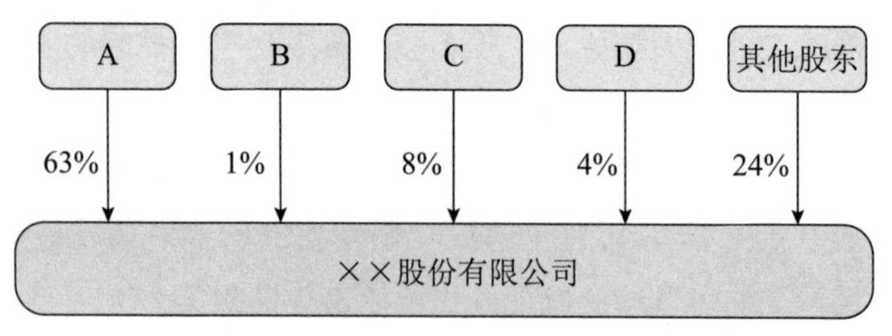

图 10-4　控制型股权结构

与分散型股权结构相对应，在股权高度集中的情况下，创始人则有机会利用其控股地位为自身谋利，从而损害公司及其他股东的利益。公司中的一般事务可由创始人直接决定，因此公司也可能沦为创始人的“一言堂”。

若采用控制型股权结构，创始人除应规范自身行为外，还需要始终保证自身持有 50% 以上的股权。尤其是在融资期间，一定要确保引入资本控股低于 50%，从而保证公司控制权始终掌握在自己手中。同时，在进行股份激励时，应避免直接将股权作为奖励交给他人。毕竟这不仅涉及公司资产，还涉及公司控制权。

此外，我们在公司成立初期，应尽量将股权掌握在“自己人”手中，同时与其他股东建立友好联系，尽量获得更多股东的支持，避免因突发事件而失去公司的控制权。

10.3.3　博弈型股权结构

博弈型股权结构，即公司拥有几位持有股份相对较多的控股股东，每位股东所持股份比例为 10% ～ 50%，如图 10-5 所示。

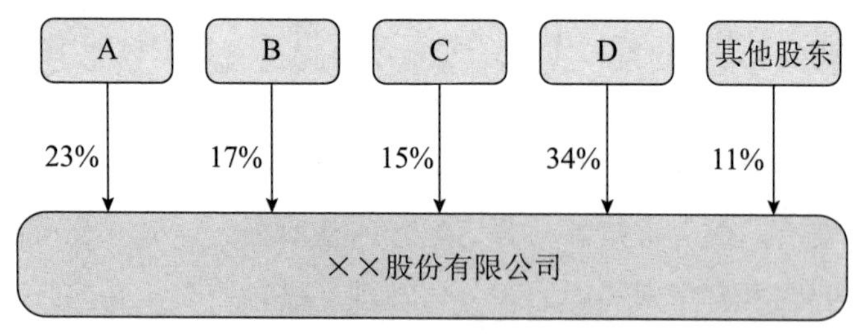

图 10-5　博弈型股权结构

博弈型股权结构介于分散型与控制型之间，其在拥有二者优势的同时，也集中了二者的劣势。

由于股权相对集中，几位大股东之间相互制衡，同样可以形成利益制衡机制，从而有效避免损害中小股东的利益。控制权共享虽然可以有效避免绝对控股股东中饱私囊，但也可能引起大股东对控制权的争夺。同时，由于每位股东对公司的发展方向都会有不同的考量标准，形成一致意见的难度大幅上升，最终阻碍公司的发展。

在实际应用中，博弈型结构通常只出现在公司成立初期，并且会随着公司规模的壮大而逐渐向分散型或控制型转变，正是因为其劣势明显，在公司初具规模时，反而可能会阻碍公司的进一步发展。

某公司由A、B、C三人联合成立，其股权结构按“433”原则分配，即三人分别为40%、30%、30%。由于彼此股份比例相差不大，三人的沟通效率显著降低，公司的大小事务都要3个人共同讨论。由于三人对于公司管理的经验和认知不同，也使得决策难度进一步提升。而负责公司主要事务的C只占有30%的股份，获得30%的收益，其贡献和收益严重不符，严重打击其工作积极性。

不仅如此，由于只要某两人合并，就会形成对公司的控制，从而损害第三人的利益，因此三人相互提防，关系日益僵化。

10.3.4 案例：小肥羊的“金字塔式”股权

“金字塔式”股权结构，即公司的实际控制人通过多层级间接持股取得公司的实际控制权，其股权结构形似金字塔。这种股权结构充分利用杠杆效应，公司的实际控制人可以通过较少的股权实现对公司的控制。

关于金字塔式股权结构，最经典的案例就是小肥羊。

第一家小肥羊开业时，其注册资本共计50万元，创始人张钢与联合创始人陈洪凯分别占有60%和40%的股份。在进行股权稀释的初期，张钢就开始尝试使用杠杆的方式控股。随着资本的注入，张钢通过将李旭东创立的加盟店变更为直营店，由此获得李旭东手中股权的“一致行动投票权”。小肥羊正式上市时，张钢个人仅有12.97%的股权，但两位创始人与李旭东的股权进行累加后，他们仍有51.91%的绝对控股权。

此后，为进一步吸引投资，公司不断进行股份稀释，三人便开始借助其他公司间接实现对小肥羊的绝对控股。

首先，他们注册了 2 家公司，即柏瑟维和彼琳意，分别持有公司股权。柏瑟维以 61.28% 的股权获得小肥羊的控股权，与此同时，张钢、陈洪凯与李旭东以合计 58.26% 的股权实现了对柏瑟维的绝对控股，进而实现了对小肥羊的绝对控股。

小肥羊上市后，其股权被进一步稀释，但是张钢、陈洪凯依旧通过柏瑟维间接持有小肥羊 50.86% 的股权，拥有绝对控股权，如图 10-6 所示。

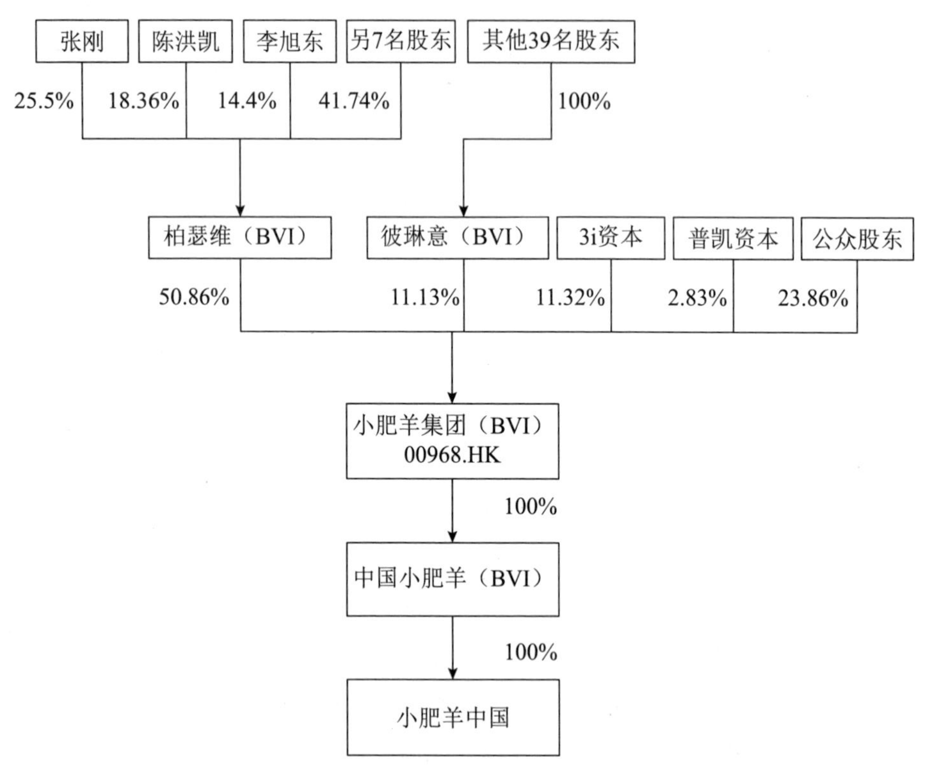

图 10-6　小肥羊上市后的股权结构

上述案例中，张刚、陈洪凯、李旭东通过设置中间层的方式进行层级控股，以总计 38.26% 的股权、19.45% 的现金流权实现了对小肥羊的绝对控股。与此同时，他们的现金流权约为控股权的 0.5 倍，即以一半的资本实现了对公司的控制。这就是金字塔式股权架构最大的优势。

10.4 股权激励：助力公司价值提升

如今，股权激励已经成为很多公司突破人才瓶颈的手段，从定义上来看，股权激励是公司拿出部分股权来实现激励效果的一种方法。这种方法通常都会有附加条件，例如，需要工作满多少年，绩效达到何种水平等。我们可以借助一些工具和模型，发挥股权激励的真正作用。

10.4.1 实施股权激励的八大工具

认识了股权激励的本质以后，还需要使其在公司生根发芽，从而推动员工和公司的共同进步。但是在这一过程中，还会遇到各种各样的问题，这就需要我们掌握实施股权激励设计的八大工具。

1. 分红型虚拟股权

这一工具是指通过虚拟记账的方式授予员工一定数量的虚拟股份。员工获得虚拟股份之后，可以享有相对应的税后利润分配权，但不享有表决权。

2. 延期支付

这个工具的核心是推迟支付员工综合薪酬中的一部分现金，并将其转化为股权。在达到规定期限之后，员工可以在市场上将一部分股权变现。

3. 业绩单位

业绩单位是指授予员工现金奖励，只不过具体金额需要由考核期最初的股价确定。一旦确定下来，在考核期结束后，员工就可以获得相应的现金。

4. 业绩股票

这个工具有点类似于“绩效考核＋对赌协议”，只不过程度没有那么深。业绩股票比较适用于房地产公司。例如，在楼盘建设初期确定一个相对合理的业绩目标，如果员工在规定时间内完成了这个业绩目标，就可以获得一定数量的股票。

5. 限制性股权

这一工具是指公司事先授予员工一定数量的股权，但同时对股权的来源、转让、出售等进行一些限制。例如，员工必须在完成公司规定的任务之后，才可以出售股权并从中获益。

6. 员工持股计划

对于那些表现优秀的员工，公司可以让他们出资认购部分股权，享受公司发展带来的红利。员工持股计划可以通过直接持股、委托某股东代持股、加入持股平台等形式实施。

7. 实股期权

大部分情况下，实股期权是公司上市前对一些元老级员工进行奖励的工具。这些员工可以在规定期限内以内部价格购买一定数量的公司流通股票，而公司上市后股票金额也会随之增长，等同于一笔丰厚的资金奖励。

8. 股票参与计划

股票参与计划是指公司允许员工预先将一定比例的薪酬存入专门的储蓄账户，并将其折算成相应数量的股票。在计算这部分股票的价值后，由公司补贴员工购买价与市场价之间的差额。

股权激励的工具不应该一成不变，而是要在实践中不断调整和创新。另外，在选择股权激励工具时，要以被激励员工为基础。例如，被激励的是管理者，那激励工具就应该偏向于分红型虚拟股权和限制性股权，以同时起到正面激励和反面约束的双重效果。

10.4.2 股权激励模型设计

因为实践经验的不足或相关知识的匮乏，很多公司都没能让股权激励顺利实施。其实这个问题不难解决，我们可以根据以下几种股权激励方法进行模型设计。

1. “135 渐进式激励法”

“135 渐进式激励法”是一种针对核心管理者的股权激励方法。其中，“1”

是指1年的在职分红，“3”是指为期3年的滚动考核，“5”是指5年的锁定期。

由于在实际操作中，1年的在职分红被包含在3年的滚动考核内，所以该方法的周期一般是8年而不是9年。这种方法的好处在于避免公司在不了解管理者的情况下贸然给予其股权。在3年滚动考核过程中，公司按照岗位价值评估结果设定一个额度，然后在分析管理者业绩表现的情况下，确定其最终能够获得的股权。

“135渐进式激励法”面向的是管理者，而管理者的地位又非常特殊，所以公司要熟练掌握此方法，防止出现突发问题，对其他员工造成不良影响。

2. 延迟式激励法

延迟式激励法是指公司将员工的部分奖励，按照当时的股价折算成相应数量的股票，然后将其放入公司专门设立的延迟支付账户中。等到锁定期满或者员工退休之后，再将这部分奖励折算成现金，返还给员工。

例如，深圳一家公司正在实行延迟式激励法，2019年其销售总监王超获得公司股票20万股，总价值100万元，公司和王超约定延期5年支付。所以等到2024年，王超除了可以获得这100万元以外，还可以获得股票增值的部分。如果该公司的股票在2024年变成了10元/股，那么王超一共可以获得200万元。如果王超要在锁定期内退出，那他便无法享有股票增值的部分，这在一定程度上也避免了人才流失。

由于延迟式激励法“动用”了员工既得的奖励，所以公司在使用时一定要保证诚信，不要失去员工的信任。毕竟，这种方法的重点不在于“延迟”，而在于“激励”，只有公司确保能够如期发放奖励，员工才能认真、踏实地工作。

3. 在职分红激励法

在职分红激励法是公司对在职员工进行股权激励的一种方法，员工往往只享有分红权，而不享有继承权和所有权，也没有相应的管理权。这也就意味着，在职分红本质上是一种虚拟股权。通常情况下，这种激励方式主要针对公司内部的核心管理人才、技术骨干等，而且只适用于处在当前工作岗位的员工，一旦他们升职（或降职、离职），奖励也会相应地增加（或减少、取消）。

例如，某公司的原始股权为100万股，那么这100万股全部属于注册股东。如果公司决定用 20 万股实行在职分红激励，那么总的股权就变成 100+20=120（万股），原始股东所占的股权比例变成 83.3%，在职股东所占的股权比例就是 16.7%。

若该公司某年盈利 100 万元，则需要按照新的占股比例进行分配，即原始股东获得 83.3 万元，在职股东获得 16.7 万元。如果公司需要预留 30 万元发展基金，那就在 100 万元里扣除 30 万元后再进行盈利分配。

4. 超额盈利激励法

超额盈利激励法是为员工设定相应的业绩目标，如果他们超额完成，则对其超额部分按照一定的比例进行奖励。因为这种方法激励力度比较大，所以能更好地激发员工热情，更有效地帮助公司节省成本、提高效率、增加盈利。

超额盈利激励法的重点在于设定盈利目标、明确超额比例。

在设定盈利目标时，首先要考虑无风险利率和公司发展的增长比例。无风险利率是指在没有任何风险的项目中，最终可以获得的利率。与通货膨胀率相似，通常设定为 10% ～ 15%。

超额比例是超额盈利占目标盈利的比例，在确定超额比例时，最好遵循“阶梯状边际效应递增法则”，即超额比例越高，员工获得的奖励越丰厚。另外要强调的是，盈利目标的设定应该具有稳定性，随意变动盈利目标会严重伤害员工的积极性，也会损害公司在员工心目中的形象，不利于公司长久发展。

第11章

上市：实现资本的大范围流动

首次公开募股可以让公司在发行股票的同时进行融资。它是公司上市的标志，也是公司全新的开始。公司可以通过上市获得巨额资金，但同时也要面临更大的风险。从创业者角度出发，在公司正式上市前需要进行前期财务准备、上市规划，在上市过程中需要严格按照上市流程执行，同时还需要警惕内幕交易。

11.1 财务准备：为公司争取更大利益

公司上市前的准备工作极为重要，在某种意义上，前期能否做好公司的财务准备工作决定了这家公司是否能够成功上市。因此，在公司上市申报前，我们应当根据经营情况，对公司的盈利水平、现金流量、税务情况等做出全面调整，在实现成功上市的基础上为公司争取更大利益。

11.1.1 盈利指标：保证上市前每年增长30%

能够持续、稳定地盈利是对上市公司的基本要求，因此我们需要保证上市前每年都有30%的盈利增幅。

从公司自身经营情况出发，我们不难发现，决定公司盈利能力的内部因素主要有公司的核心业务及产品、生产技术、核心用户、原材料供应等；从公司经营环境出发，决定公司盈利能力的外部因素主要有行业趋势、公司地位、竞争特点等。除此之外，公司的商业模式是否可复制、是否适应市场，同样决定了公司的扩张能力及风险抵御能力，会对公司的盈利情况产生影响。

那么，我们应该如何基于公司原有的行业环境、产品定位、业务选择、资源安排等，实现可持续性盈利呢？

1. 主动发现并满足新的用户需求

扩大盈利要坚持以用户为核心，我们可以将目标设置为扩大用户规模与满足用户需求。随着经济的不断发展，市场风向变化的本质就是用户需求的变化，如果我们能尽早发现并满足这种需求，就可以抓住机遇，实现公司稳定、持续盈利。

2. 积极应对市场变化

科学技术日新月异，这使得一些产品与服务的价值产生了微妙的变化，许多传统公司的经营模式被颠覆，并且无法及时推陈出新，最终在激烈的市场竞争中落败。因此，我们应该更加积极地应对市场变化，持续为产品与服务赋予全新的价值，实现公司的可持续盈利。

例如，传统的纸质媒体始终以内容吸引读者，同时通过发放广告的方式收取费用。究其根本，传统纸媒主要收入来源是广告，而非读者。随着时代的发展，智能手机作为阅读终端颠覆了传统纸媒的商业模式，他们与读者之间的内容链接被切断，又迟迟无法与读者或广告投放者建立新的链接，最终只能走向没落。

3. 为关键资源构建壁垒

当我们为关键资源构建壁垒后，竞争对手也就无法轻易获取这些资源，我们便能以此为契机，增强自身的核心竞争力，占据行业优势地位，更加从容地面对激烈的市场竞争。

中国神华长期保持着对优质煤矿资源的控制，并不断为铁路运输资源构建技术壁垒。在自建铁路通车后，中国神华便实现了采煤、运输、发电一体化经营，打破了铁路行业的垄断，确立了自身在煤炭行业的优势地位。

总而言之，我们需要不断完善公司经营模式，实现技术、工艺的革新与营销、渠道管理的创新，巩固自身优势地位，增强公司发展能力，最终实现公司的可持续盈利。

11.1.2 现金流量指标：获取稳定收入

在获得首批融资后，后续投资也会陆续进场。有了这些投资，我们才能聘请顶尖团队打造产品、收购竞争对手、租用办公环境容纳不断壮大的员工队伍。得益于这些投资，我们才有机会成为市场上首批胜出的赢家。

现金流量是公司创造价值的媒介。公司利用货币资产购买燃料、原材料和动力，支付员工工资；员工利用公司场所和工具对原材料进行加工，制造产品。最终，公司通过销售获得货币资产，实现盈利。

可以说，现金流量的基本指标是公司可以获取稳定收入。生产性公司从投产到拥有设计生产能力是一个生产能力利用率逐渐提高的过程，而产能利用率的提升必然伴随资金占用量的增大。只有当生产能力利用率超过盈亏平衡点时，公司才能盈利。因此，稳定增长的现金流量是公司满负荷生产的基本条件，也是公司实现最大盈利的必要保证。

在销售和各项成本既定的情况下，公司盈利水平取决于生产能力利用率。现金流充足是保持较高生产能力利用率的前提。一旦现金流不充足，公司的盈利目标就难以实现。

由于流动资产项下各项资产转变成货币资产非常容易，很多创业者在扩张的冲动之下容易将现金流用作长期资产投资，忽视流动资金不足会导致公司整体资产的流动性和盈利能力下降，甚至亏损的后果。

制订公司流动资金使用计划应遵循 3 项原则，具体内容如图 11-1 所示。

图 11-1　制订公司流动资金使用计划的原则

第一，足量安排原则。在项目建设之初公司就应按生产时测算的现金流量占用量进行资金安排。

第二，适时投放原则。在公司生产的技术条件具备后，生产能力利用率要依靠市场销售来确定。根据市场销售情况来保持适量的原材料库存和产成品库存，避免因销售不畅导致库存超额，增加资金占用。

第三，长短结合原则。来源于银行贷款的长期资金应使用中期流动资金贷款和经营性固定资产贷款，以保证现金流量稳定。短期资金的使用应尽量将销售收入的实现与借款资金的偿还联系在一起。在公司使用多笔短期贷款的情况下，由于贷款偿还期限的确定性与销售收入回款的不确定性之间的矛盾，公司不得不提前准备一定量的货币资金用以偿还贷款，导致公司资金使用效能低下。

公司制订流动资金使用计划在坚持上述原则的同时，还应坚持专项资金专项使用的原则。为保证公司正常持续经营，严禁将流动资金挪用于长期资产或使用流动资金实施投机行为。

11.1.3 税务指标：把握监管部门的审查要点

近几年，许多申报上市的公司存在税务不规范问题，税务问题成为阻碍公司上市的主要原因之一。把握监管部门的审查要点，做好税务工作，成为上市前必要的财务准备之一。监管部门的审查要点主要包括以下几个方面。

1. 偷税漏税

监管部门的审查重点为申报公司的偷税漏税行为是否构成重大违法、违规行为，如果公司不存在偷税漏税行为，或该行为对公司影响较小，则不会对公司上市产生较大影响。

恶意隐瞒自身偷税漏税行为的申报公司很常见，他们明知自身存在严重的税务问题，却利用非法途径试图逃脱法律的制裁。在这种情况下，监管部门有权要求申报公司提供国税局审核的相关文件，并依法认定该申报公司存在重大违法、违规行为。

2. 欠税补缴

若公司拖欠税款不构成重大违法、违规行为，监管部门有权要求公司披露拖欠税款及补缴税款的详细情况，据此判断公司相关行为的严重性。与此同时，与迟延纳税相对应的税务滞纳金及其他税务处罚，很有可能会在公司上市后对公司业绩、股东权益等产生不良影响。因此，我们必须充分重视拖欠税款的问题。

3. 整体变更及分红纳税

申报公司在进行股份改制期间的分红纳税情况也是监管部门审核的重点，因此我们必须详细披露公司的整体变更情况及分红纳税情况。如果出现瞒报等披露不合规的情况，将会严重阻碍公司上市之路。监管部门审核的重点如图 11-2 所示。

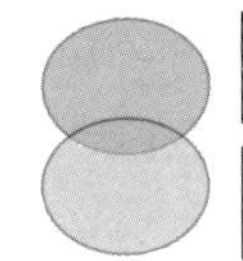

图 11-2　监管层关注的两大重点

4. 税收依赖

税收依赖即公司的业绩主要来自税收的优惠政策。税收依赖会使得申报公司的业绩存在极大的不确定性，税收政策的变化会对申报公司的业绩产生重大影响。如果申报公司的税收优惠占利润总额的20%以上，则无法通过审核。

在进行上市申报过程中，如果公司没有妥善处理好税务问题，将会直接导致上市失败。我们需要严格把握监管部门的审查要点，处理好历史遗留的税务问题，对公司进行规范化税务管理。

11.2 上市规划：时机 + 地点 + 市场 + 方式

如果我们的公司正在计划上市，那么我们应当根据公司实际情况提前做好上市规划，选出适合公司的上市时机、上市地点、上市市场及上市方式。

11.2.1 上市时机：根据内外部情况进行选择

如今的资本市场变化莫测，经济环境、行业形势、相关法律法规等都会对公司上市融资产生影响。我们应该做好上市准备，在股市强劲、投资人热情高涨时实现上市。相应地，如果出现外部环境不好、股市萎靡或本行业发展形势不佳等情况，我们就要重新考虑上市时机。

总的来说，我们应该根据公司内外部情况选择上市时机。

1. 外部情况

市场经济运行情况会对投资人的投资信心产生直接影响。宏观经济状况良好会增强投资人的投资信心，如果我们选择在此时上市，一般都可以募集到大量资金。同时，股市的表现也非常值得重视。如果市场上同类公司的股票表现优异，无疑也会提高本公司的股票价格，反之则会使股票价格降低。我们拟定上市期时，要避免与同类股票同时发行。数据显示，在两次大牛市期间上市的公司都取得了不错的发行业绩。

当我们选择在境外间接上市时，最好在“熊市”的中晚期进入市场。因为此时股市萎靡，造壳、买壳成本相对较低，装壳时注入同等价值的净资产有机会获得更多的股份。

除此之外，许多行业都存在生命周期，当公司所在行业处于衰退期时，即使公司能成功发行上市，也无法募集到充足的资金。而当公司所处行业处于成长期或繁荣期时，显然更能获得投资人的支持，获得更高的市盈率。

2. 内部情况

公司当前的资金情况、获得资金后能否立即投入生产，都是我们在选择上市时机时需要考虑的重要因素。实现招股说明书中的盈利承诺，也会大幅提升公司形象，增强投资人对公司的信任。许多公司没有第一时间将筹集到的资金用于落实项目，或者在上市后出现“业绩变脸”，这些情况都会对公司股价产生影响，同时也会打击投资人的积极性，从而增大公司再融资的难度。

上市后公司的行为将备受关注，故而清晰的战略规划、合理的运作机制等都能为公司提供有力支撑，公司能够更自如地应对上市后的挑战。如果没有做好上市准备，或者没有为公司制定出长远发展规划，就容易导致我们无法正确应对突发事件，最终导致公司整体利益受到损害。

总而言之，我们应该时刻保持市场敏感度，及时发现市场变化，积极主动地做好上市准备和后续规划，在最适合的时机上市，从而实现利益最大化。

11.2.2 上市地点：境内、境外

公司的上市地点主要有两种。一是境内上市，即在上海、深圳或北京证券交易所上市；二是境外上市，即在香港联交所、纽约证券交易所、纳斯达克证券交易所或新加坡证券交易所等境外证券交易所直接上市。

1. 境内上市

境内上市公司的市盈率大多为30～40倍，发行市盈率长期高于其他市场交易的同行业股票市盈率。可以说，能让上市公司发行同样的股份融到更多的钱，是境内上市的核心优势。

我国境内现有三个证券交易所，分别是上海证券交易所、深圳证券交易

所和北京证券交易所。三大证券交易所成立以来，不断改进股票市场交易运作，逐步实现电脑化、网络化及股票的无纸化操作。当前，三大证券交易所的主要证券品种有股票、国债、企业债券、权证、基金等。

三大证券交易所均实行会员制，其业务范围包括五项，分别为组织并管理上市证券、提供证券集中交易场所、办理上市证券的清算与交割、提供上市证券市场信息、办理中国人民银行许可或委托的其他业务，如图 11-3 所示。

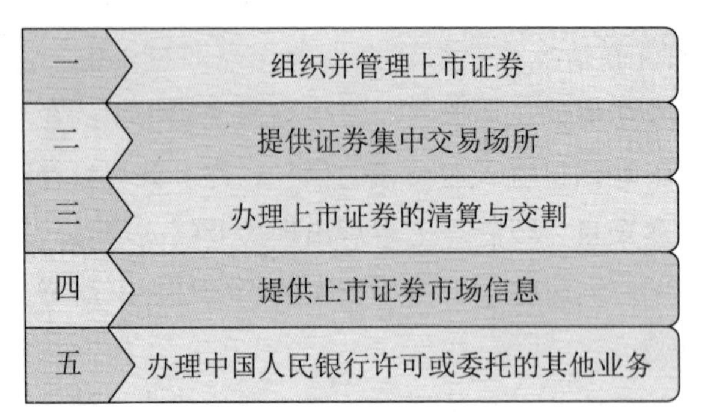

图 11-3　三大证券交易所的业务范围

“完善证券交易制度，加强证券市场权利，促进中国证券市场的发展与繁荣，维护国家、公司和社会公众的合法权益。”这是三大证券交易所的业务宗旨。

2. 直接境外上市

直接境外上市是指中国内地公司以境内股份有限公司名义向境外证券主管部门申请登记注册、发行股票，并向当地证券交易所申请挂牌上市交易。我们通常所说的 H 股、N 股、S 股分别指中国公司在香港联合交易所、纽约交易所、新加坡交易所上市后发行的股票。

香港的英文首字母为“H”，故得名 H 股。H 股为实物股票，采用“T+0”交割制度，涨跌幅无限制。香港不仅拥有全球最活跃的二级市场，香港的投资人对内地公司也有非常高的认知度。

N 股取纽约的英文单词“New York”的第一个字母“N”作为名称。美国有三大证券交易所，分别为纽约证券交易所、美国证券交易所、纳斯达克证券交易所。内地公司除赴美 N 股上市外，还可以在美国证券交易所或者纳斯达克证券交易所上市。

受到经济一体化、金融全球化以及中国公司国际化战略推进的影响，越来越多中国公司选择到美国上市，A+N、A+H 等多地上市的现象不再罕见。当然，这种情况的前提是公司已经发展到一定规模，可以有效进行投资者关系管理。

S 股是指在内地注册，但在新加坡证券交易所上市的外资股。新加坡上市公司以制造业和高科技行业为主，在新加坡上市的外国公司中，制造业公司占比超过 50%。

上市对公司意义重大，到底选择在哪一个市场上市需要慎重考虑，上市地点的选择应当根据公司具体情况决定。

11.2.3 上市市场：主板、中小板、创业板

公司上市是一项繁杂的系统工程，涉及很多环节。对创业公司来说，要想达到上市要求，至少需要 1 ～ 3 年时间。上市市场指公司上市后股票发行和流通的场所，主要分为主板、中小板、创业板三大类。

主板也叫一板，主要是指传统意义上的股票市场，是公司股票发行和流通的主要场所。主板上市对企业的营业期限、股本大小、盈利水平、最低市值等方面的要求非常高，上市企业多为大型蓝筹、行业龙头、骨干型企业，比如贵州茅台、云南白药、招商银行、青岛海尔、中国平安等。

中小板是流通盘在 1 亿元以下的创业板块，是主板市场的重要组成部分。其上市条件与主板市场相同，但相对主板而言，发行规模较小、成长速度较快，且上市后的要求更为严格。中小板是创业板的一种过渡，在资本架构上从属于一板市场。

创业板也叫二板，即第二股票交易市场。作为主板的补充，创业板针对那些短时间内无法在主板市场上市的创业公司设置，为其提供融资渠道，有效补充了主板市场的空缺。与主板相比，创业板的上市要求比较宽松，主要体现在成立时间、资本规模、中长期业绩等方面的要求。

境内主板、中小企业板和创业板上市对公司各方面的要求不同。表 11-1 和表 11-2 为深圳证券交易所的主板（中小企业板）和创业板上市条件。

表 11-1　主板（中小企业板）上市条件一览表

主体资格	合法存续的股份有限公司； 自股份公司成立后，持续经营时间在 3 年以上，但经国务院批准的除外； 最近 3 年内主营业务和董事、高级管理人员没有发生重大变化，实际控制人没有发生变更
独立性	具有完整的业务体系和直接面向市场独立经营的能力； 资产完整、人员独立、财务独立、机构独立、业务独立； 发行人的业务独立于控制股东、实际控制人及其控制的其他企业，与控股股东、实际控制人及其控制的其他企业间不得有同业竞争或者显失公平的关联交易
规范运作	依法建立健全股东大会、董事会、监事会、独立董事、董事会秘书制度； 内部控制制度健全且被有效执行； 发行人最近 36 个月内无重大违法违规行为，或严重损害投资者合法权益和社会公共利益的其他情形； 公司章程明确对外担保的审批权限和审议程序，不存在为控股股东、实际控制人及其控制的其他企业进行违规担保的情形； 有严格的资金管理制度，不得有资金被控股股东、实际控制人及其控制的其他企业以借款、代偿债务、代垫款项或者其他方式占用的情形
财务与会计	最近 3 个会计年度净利润均为正数且净利润累计＞ 3000 万元，净利润以扣除非经常性损益前后较低者为计算依据； 最近 3 个会计年度经营活动产生的现金流量净额累计＞ 5000 万元；或最近 3 个会计年度营业收入累计＞ 3 亿元； 发行前股本≥ 3000 万股； 最近一期末无形资产占净资产的比例≤ 20%； 最近一期末不存在未弥补亏损； 内部控制在所有重大方面有效，会计基础工作规范，财务会计报告无虚假记载； 不存在影响发行人持续盈利能力的情形
募集资金运用	募集资金应当有明确使用方向，原则上应当用于主营业务； 募集资金数额或投资项目应与发行人现有生产经营规模、财务状况、技术水平和管理能力等相适应； 募集资金投资项目应当符合国家产业政策、投资管理、环境保护、土地管理以及其他法律、法规和规章的规定； 募集资金投资项目实施后，不会产生同业竞争或者对发行人独立性产生不利影响； 发行人应当建立募集资金专项存储制度，募集资金应当存放于董事会决定的专项账户

续表

股本及公开发行比例	发行后总股本＜ 4 亿股，公开发行比例须≥ 25%； 发行后总股本＞ 4 亿股，公开发行比例须≥ 10%； 注：如公司存在 H 股流通股，则公开发行比例以 H 股、A 股流通股合计值为计算依据
股东承诺	控股股东和实际控制人应当承诺：自发行人股票上市之日起 36 个月内，不转让或者委托他人管理其直接或者间接持有的发行人公开发行前已发行的股份，也不由发行人回购其直接或者间接持有的发行人公开发行前已发行的股份

表 11-2　创业板上市条件一览表

主体资格	依法设立且持续经营 3 年以上的股份有限公司；有限责任公司按原账面净资产值折股整体变更为股份有限公司的，持续经营时间可以从有限责任公司成立之日起计算； 发行人应当主要经营一种业务，生产经营活动符合法律、行政法规和公司章程的规定，符合产业政策及环保政策； 发行人最近两年内主营业务和董事、高级管理人员均没有发生重大变化，实际控制人没有发生变更
规范运作	股权清晰，控股股东和受控股股东、实际控制人支配的股东所持发行人的股份不存在重大权属纠纷； 依法建立健全股东大会、董事会、监事会以及独立董事、董事会秘书、审计委员会制度、股东投票计票制度； 内部控制制度健全； 发行人及其控股股东、实际控制人最近三年内不存在损害投资者合法权益和社会公共利益的重大违法行为
财务与会计	最近两年连续盈利，最近两年净利润累计不少于 1000 万元；或者最近一年盈利，最近一年营业收入不少于 5000 万元，净利润以扣除非经常性损益前后孰低者为计算依据； 最近一期末净资产不少于 2000 万元，且不存在未弥补亏损； 发行后股本总额不少于 3000 万元； 会计基础工作规范，内部控制制度健全有效，财务会计报告无虚假记载
信息披露	分析并完整披露对其持续盈利能力产生重大不利影响的所有因素； 披露已达到发行监管对公司独立性的基本要求； 凡是对投资者作出投资决策有重大影响的信息，均应当予以披露

如果公司当前的规模已经满足上市条件，完全可以通过上市提升自身的竞争力。

11.2.4 上市方式：IPO、造壳、买壳

首次公开募股简称IPO，是指公司将全部资本等额划分，表现为股票形式，经过中国证监会批准可以上市发行，在股票市场流通，由投资人直接购买，这种融资方式就是首次公开募股。公司通过首次公开募股可以在短时间内筹集到巨额资金。

首次公开募股并上市是一个系统的大工程，不仅具有融资作用，还是公司发展到一定规模更上一个台阶的机会。整个过程涉及公司治理、财务核算、风控管理、规范组织结构和股权架构等各个方面，我们需要对此充分认识，为公司未来首次公开募股奠定基础。

境外控股公司上市指的是境内公司海外“借壳上市”，是一种间接境外上市方式。在这一过程中，境内公司与境外上市公司的联系是资产或业务的注入、控股。境外借壳上市包括两种模式：一是境外造壳上市，二是境外买壳上市。两种模式的本质都是将境内公司的资产注入壳公司，达到境内资产上市的目的。

造壳上市是指境内公司在境外证券交易所所在地或其他允许的国家与地区开一家公司，境内公司以外商控股公司的名义将相应比例的权益及利润并入海外公司，以达到境外上市目的。境内企业在境外注册公司的地区一般包括百慕大、开曼群岛、库克群岛等。

造壳上市不仅可以规避政策监控实现上市的目的，还可以合法减免公司税务。但是，造壳上市也有两个不利之处：一是境内公司首先要拿出一笔资产到境外注册公司，很多公司难以做到；二是由于境外证券管理部门对公司的营业时间有要求，所以从境外注册公司到最终上市需要经过数年时间。

买壳上市有两个主体，一个是境内公司，另一个是境外上市公司。首先，境内公司需要找到合适的境外上市公司作为壳公司。其次，境内公司完成对境外上市壳公司的注资，获得其部分或全部股权。这样境内公司就可以实现境外间接上市的目的。

买壳上市有两个优点：一是合法缩短中国证监会对申请境外上市公司的审批程序；二是买壳上市对于公司财务披露的要求相对宽松，可以缩短实际上市时间。

与此同时，买壳上市也有两个不利之处，一是买壳成本高，二是风险比较大。因为对境外上市公司并不熟悉，在收购后发现购买的股票无法使公司的股份升值，造成自身利益受损的概率非常大。

下面看一个境内企业在香港买壳上市的经典案例。由于法律法规的限制，中信香港无法取得造壳上市的资格，只能选择买壳上市这条捷径。中信香港对于泰富发展的买壳上市是按照“买壳—净壳—装壳”这个思路操作的。

首先是买壳。在香港首富李嘉诚和马来西亚首富郭鹤年的支持下，荣智健通过和泰富发展控股股东曹光彪集团定向洽谈达成交易。双方约定，中信香港以1.2元港币/股的定价购得曹光彪家族所拥有的泰富发展49%的股份，股份总价值为3.97亿元港币。自此，中信香港顺利成为泰富发展的第一股东，完成买壳操作。

其次是净壳。越是良好的壳资源，净壳的过程就越简单。由于泰富发展成立次年立即上市，被中信香港收购时非常干净，不存在不良资产，所以净壳过程非常简单。中信香港只是按照原来与曹光彪集团的约定将富泰发展持有的永新集团8%的股权以1.5元港币/股的价格转让给曹光彪，泰富回收资金7337.85万元港币。

最后是装壳。装壳是买壳上市的难点和实现目的的关键步骤。中信香港将其持有的港龙航空38.3%的股权以及名下裕林工业中心、大角咀中心等资产注入泰富发展，进一步扩大其在泰富发展的股权至85%左右。其直接结果是中信香港通过向泰富发展注入资产获得5.5亿元港币的现金流入。

就这样，中信香港将泰富发展改名为中信泰富后，通过上市公司的身份不断从香港证券市场融资，然后反过来购买中信香港下面的公司和其他资产，最后使得中信香港的资产全部注入中信泰富这个壳公司，从而成功实现买壳上市。

11.3 上市流程：按照步骤严格执行

对于公司来说，上市是一个漫长的过程。首先公司要达到上市要求，然后进行上市规划并准备好申报材料向证监会提出申请，经过重重审核，才可以正式发行股票。

按照中国证监会的有关规定，拟上市公司在向中国证监会提出上市申请前，均须由具有主承销资格的证券公司进行上市辅导，辅导期至少3个月。取得中国证监会核准上市的批文以后，公司就可以刊登招股说明书，进行询价与路演，按照发行方案发行股票。刊登上市公告书，在交易所安排下完成挂牌上市交易以后，正式完成上市。

11.3.1 设立股份有限公司

公司分为有限责任公司和股份有限公司两种，只有股份有限公司具备上市的基础条件。在进行改制之前，公司需要做一些准备工作，包括组建上市工作小组、选择中介机构、尽职调查、制订上市工作方案等。

上市工作小组一般由董事长任组长，由董事会秘书、公司财务负责人、办公室主任、相关政府人员作为组员。上市工作小组组建完成后，就需要选择相关的中介机构。

公司上市需要找4个中介机构合作，包括证券公司（保荐机构 / 主承销商）、会计师事务所、律师事务所、资产评估师事务所。公司在选择中介机构时应该注意以下几个方面，如图11-4所示。

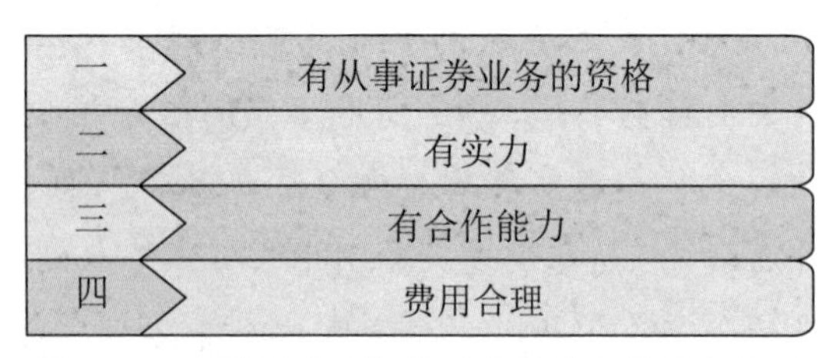

图11-4　在选择中介机构时应该注意的四个方面

尽职调查是指拟上市公司在开展上市工作之前，由中介机构按照本行业公开的执业标准、职业谨慎、职业道德等从法律、财务两方面对公司各有关事项进行现场调查和资料审查的过程。

尽职调查有助于拟上市公司更加全面地了解自身的基本情况，发现问题，找到与上市要求存在的差距，为上市奠定基础。另外，尽职调查还可以帮助中介机构评估项目风险，提高公司业务的风险防范和风险管理水平。如果公司未提供真实、准确、完整的材料，则不利于中介机构发现问题，最终结果就是上市失败。

尽职调查的内容主要包括：公司成立、组织和人事等基本信息，公司业务和产品状况，公司经营现状以及可持续发展状况，公司的财务状况，公司的资产状况，公司重要合同、知识产权、诉讼状况，公司纳税、社保、环保、安全状况等。

完成尽职调查后，公司上市工作小组应当和保荐人、律师、注册会计师、资产评估师等对尽职调查结果进行分析，找到拟上市公司当前存在的问题以及解决思路和解决方案，然后制订上市工作方案。

上市工作方案的主要内容包括公司现状分析、公司改制和重组目标、股权结构调整、资产重组原则和内容以及重组中应当注意的问题、公司上市操作的相关事宜、工作程序和时间安排以及组织实施及职责划分等。

在完成准备工作后，就可以依据程序设立股份有限公司。

由创始人签订发起人协议后，需要由发起人认购公司股份。在公司组建董事会、监事会等机构后，就可以在公司登记机关办理设立登记手续。经公司登记机关登记后，即可取得营业执照，股份有限公司正式成立。

11.3.2 上市辅导：内容+程序+重新辅导

按照中国证监会的有关规定，拟上市公司在向中国证监会提出上市申请前，均须由具有主承销资格的证券公司进行上市辅导，辅导期至少3个月。

在上市辅导过程中，辅导机构会在尽职调查基础上根据上市相关法律法规确定辅导内容。辅导内容主要包括以下几个方面。

（1）核查股份有限公司的合法性与有效性。

（2）核查股份有限公司人事、财务、资产及产供销系统独立完整性。

（3）组织公司董事、监事、高级管理人员及持有5%以上（包括5%）股份的股东进行上市规范运作和其他证券基础知识的学习、培训和考试，督促其增强法制观念和诚信意识。

（4）监督建立健全公司的组织机构、财务会计制度、公司决策制度和内部控制制度，以及符合上市公司要求的信息披露制度，实现有效运作。

（5）规范股份有限公司和控股股东及其他关联方的关系。

（6）帮助拟上市公司制订业务发展目标和未来发展计划，制定有效可行的募股资金投向及其他投资项目规划。

（7）帮助拟上市公司开展首次公开发行股票的相关工作。

拟上市公司接受上市辅导的一般程序，如图 11-5 所示。

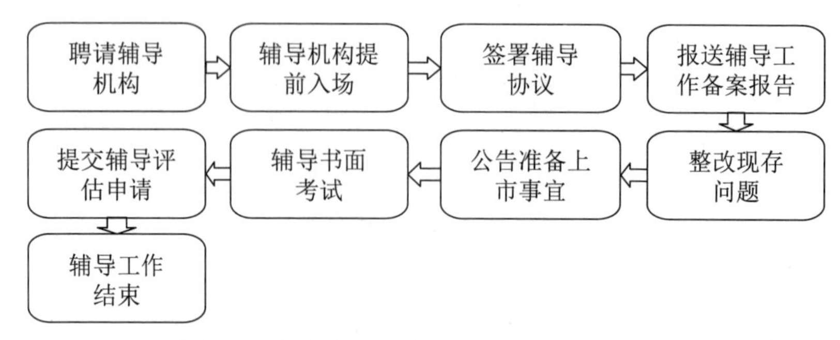

图 11-5　拟上市公司接受上市辅导的一般程序

拟上市公司在选择辅导机构时，要综合考察证券公司的独立性、资信状况、专业资格、研发力量、市场推广能力、具体承办人员的业务水平等因素。《证券经营机构股票承销业务管理办法》第十五条规定："证券经营机构持有企业 7% 以上的股份，或是其前五名股东之一，不得成为该企业的主承销商或副主承销商。"一般情况下，保荐机构为拟上市公司的主承销商，辅导机构可以与保荐机构合二为一，也可以另行聘请。

而在辅导期结束后，辅导机构如果认为拟上市公司已经达到上市标准，需要向证监会派出机构报送"辅导工作总结报告"，提交辅导评估申请。如果辅导机构和拟上市公司认为没有达到计划目标，可以向证监会派出机构申请适当延长辅导时间。

证监会派出机构收到辅导机构提交的辅导评估申请后，会在 20 个工作日内完成对辅导工作的评估。如果评定为合格，证监会派出机构会向证监会出具"辅导监管报告"，发表对辅导效果的评估意见，这意味着辅导结束。如果证监会派出机构认为辅导评估申请不合格，会根据实际情况要求延长辅导时间。

需要注意的是，上市辅导有效期为 3 年，即本次辅导期满后 3 年内，拟上市公司可以向主承销商提出股票发行上市申请；超过 3 年，则须按法律规定的程序和要求重新聘请辅导机构进行上市辅导。

11.3.3 筹备与申报：提交材料，等待核准

根据中国证监会发布的《公开发行证券的公司信息披露内容与格式准则第 29 号——首次公开发行股票并在创业板上市申请文件》，申请创业板上市需要提交的文件有招股说明书与发行公告、发行人关于本次发行的申请及授权文件、保荐人和证券服务机构文件、会计师关于本次发行的文件、发行人律师关于本次发行的文件、发行人的设立文件、关于本次发行募集资金运用的文件、与财务会计资料相关的其他文件等。

根据中国证监会发行监管部公布的《首次公开发行股票审核工作流程》，IPO 发审工作分为十大流程，内容如表 11-3 所示。

表 11-3 IPO 发审工作流程

流程	内 容
受理	中国证监会受理部门工作人员依法受理首发申请文件，并按程序转发行监管部。发行监管部综合处收到申请文件后将其分发审核一处、审核二处，同时送国家发改委征求意见
见面会	见面会旨在建立发行人与发行监管部的初步沟通机制。会上由发行人简要介绍企业基本情况，发行监管部部门负责人介绍发行审核的程序、标准、理念及纪律要求等
问核	问核机制旨在督促、提醒保荐机构及其保荐代表人做好尽职调查工作，参加人员包括问核项目的审核一处和审核二处的审核人员、两名签字保荐代表人和保荐机构的相关负责人
预先披露	审核一处、审核二处审核人员审阅文件后，撰写审核报告并提交反馈会讨论。主要讨论初步审核中关注的主要问题，确定需要发行人补充披露、解释说明以及中介机构进一步核查落实的问题
反馈会	反馈意见落实完毕、国家发改委意见等相关政府部门意见齐备、财务资料未过有效期的，将安排预先披露，并按受理顺序安排初审会
初审会	初审会由审核人员汇报发行人的基本情况、初步审核中发现的主要问题及其落实情况。根据初审会讨论情况，审核人员修改、完善初审报告
发审会	发审会制度是发行审核中的专家决策机制。目前发审委委员共 25 人，分 3 个组。发审会以投票方式对首发申请进行表决，提出审核意见
封卷	发行人的首发申请通过发审会审核后，需要进行封卷工作，即将申请文件原件重新归类后存档备查。封卷工作在落实发审委意见后进行
会后事项	会后事项是指发行人首发申请通过发审会审核后、招股说明书刊登前发生的可能影响本次发行及对投资者作出投资决策有重大影响的应予披露的事项
核准发行	封卷并履行内部程序后，将进行核准批文的下发工作

如果中国证监会最终做出核准决定，意味着企业获得上市资格。反之，申请上市失败，中国证监会将出具书面意见并说明不予核准的理由。上市申请不予核准的公司可以在接到中国证监会书面决定之日起两个月内提出复议申请。中国证监会收到复议申请后两个月内重新做出决定。

11.3.4 促销与发行：询价+路演推介

刊登招股说明书以后，拟上市公司与其保荐机构需要开展询价路演活动，通过向机构投资者询价的方式确定股票的最终发行价格。询价包括初步询价和累计投标询价两个步骤。

首先是初步询价，即拟上市公司及其保荐机构向机构投资者推介和发出询价函，以反馈回来的有效报价上下限确定的区间为初步询价区间。

其次是累计投标询价。如果投资者的有效申购总量大于本次股票发行量，但是超额认购倍数小于5，那么以询价下限为发行价；如果超额认购倍数大于5，那么从申购价格最高的有效申购开始逐笔向下累计计算，直至超额认购倍数首次超过5倍为止，以此时的价格为发行价。中小板上市发行股票，基本不需要累计投标询价。

在询价期间，拟上市公司会通过路演活动面向社会进行股票推广。通俗来讲，路演是指公开发行股票的公司通过公开方式向社会推介自己股票的说明会，目的是吸引投资者。路演分为3个阶段，内容如图11-6所示。

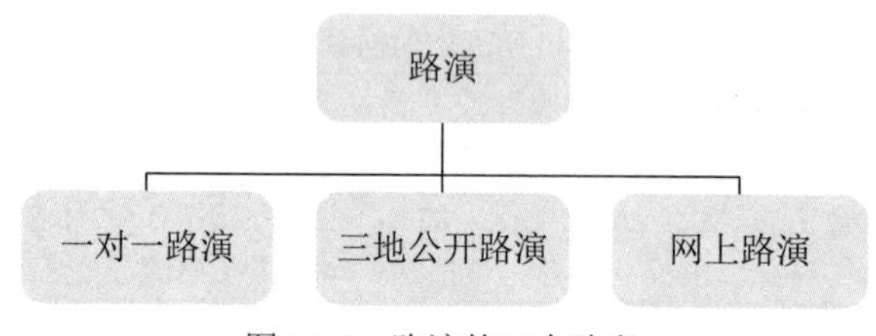

图11-6　路演的三个阶段

首先是一对一路演。顾名思义，一对一路演是指拟上市公司和券商的资本市场部以及IPO项目组带着招股说明书、投资研究报告、企业宣传片、PPT以及定制小礼物等到北上广深等一线城市拜会投资者，进行一对一的沟通和推介。

其次是三地公开路演。三地公开路演一般是指拟上市公司在北京、上海、深圳三地公开召开推介会议，邀请基金、券商、资产管理公司、私募等机构投资者参加。会议内容与一对一路演相似，没有本质区别，只是听众数量有所增加。

最后是网上路演。网上路演是指拟上市公司的管理层、保荐团队代表通过网上投资者互动平台回答股民针对公司上市提出的各种问题。在开展网上路演环节之前，公司股票的首日发行价已经确定，对发行结果和网上认购数量没有多少影响。

11.3.5 发行股票，正式上市

拿到中国证监会核准上市的批文以后，公司就可以刊登招股说明书和上市公告书，在证券交易所的安排下挂牌，然后上市交易。上市发行股票的流程如表 11-4 所示。

表 11-4 上市发行股票流程表

时　　间	项　　目
T-7 日	领取核准批文
T-6 日	披露招股意向书
T-5 至 T-3 日	线下初步询价
T-1 日	披露发行公告
T 日	网上网下定价发行
T+3 至 T+5 日	募集资金到账办理股份登记申请上市
T 至 T+5 日	上市委员会审核
L-1 天	刊登上市公告书
L 日	股票上市

注：T 日为发行日，L 日为股票上市日。一般情况下，L 日介于 T+6 至 T+10 之间，全部发行、上市工作在 3 ～ 4 周内完成；发行人可以根据需要适当延长网下询价时间，但应于 T-3 日截止。

2020 年，墨迹天气累计用户量达到 6.5 亿。4 年前，墨迹天气向中国证监会提交创业板招股说明书。招股说明书显示，墨迹天气拟公开发售不超过 1000 万股股票，不低于本次发行后总股本的 25%，发行后总股本不超过 4000 万股。

根据该招股书显示，墨迹天气创始人兼CEO金犁为公司控股股东，持有公司34.627%的股份，通过员工持股平台间接控制公司2.567%的股份，合计控制公司37.194%的股份。险峰系（险峰创投、西藏险峰、险峰深圳）、阿里创投、创新系（北京创新、工场基金）、上海盛资为持股5%以上的股东。

在中国证监会于同年公开披露的8家创业板公司中，墨迹天气是唯一一家移动互联网公司。可以预见，登陆创业板之后的墨迹天气必将获得飞速发展。

11.4 警惕内幕交易

内幕交易行为，即内幕信息的知情人或非法获取者，利用该信息进行证券买卖、建议他人买卖或泄露信息的行为。

如今，证券市场开始回暖，许多投机分子开始通过内幕交易为自己牟取利益。在这种情况下，我们更应该高度警惕内幕交易行为。

11.4.1 内幕交易三要素：对象、信息、行为

随着经济的日益繁荣，内幕交易行为随之增加，其形式也趋向复杂，具有更强的隐蔽性和欺骗性。我们应该自发地拒绝这种会损害自身利益和证券市场公平性的行为。那么，什么样的行为会被证监会判定为构成内幕交易呢？

通常情况下，证监会将综合考察3个要素，即内幕交易的主体、内幕信息和内幕交易行为。若某种行为同时满足以上3个要素，则极有可能构成内幕交易。

1. 内幕交易的主体

只有那些知悉内幕的人员才有机会进行内幕交易。《中华人民共和国证券法》（以下简称《证券法》）第五十条明确规定：“禁止证券交易内幕信息的知情人和非法获取内幕信息的人利用内幕信息从事证券交易活动。”

其中，非法获取内幕信息的人并没有特定的范围，凡利用非法手段获取

内幕信息的人均包含在内。

知情人则恰恰相反，他们可以通过职务、亲缘关系等方式获取内幕信息。《证券法》第五十一条对知情人的范围做出进一步规定：“证券交易内幕信息的知情人包括：

（一）发行人及其董事、监事、高级管理人员；

（二）持有公司百分之五以上股份的股东及其董事、监事、高级管理人员，公司的实际控制人及其董事、监事、高级管理人员；

（三）发行人控股或者实际控制的公司及其董事、监事、高级管理人员；

（四）由于所任公司职务或者因与公司业务往来可以获取公司有关内幕信息的人员；

（五）上市公司收购人或者重大资产交易方及其控股股东、实际控制人、董事、监事和高级管理人员；

（六）因职务、工作可以获取内幕信息的证券交易场所、证券公司、证券登记结算机构、证券服务机构的有关人员；

（七）因职责、工作可以获取内幕信息的证券监督管理机构工作人员；

（八）因法定职责对证券的发行、交易或者对上市公司及其收购、重大资产交易进行管理可以获取内幕信息的有关主管部门、监管机构的工作人员；

（九）国务院证券监督管理机构规定的可以获取内幕信息的其他人员。”

2. 内幕信息

内幕信息是评判内幕交易行为的基础。《证券法》第五十二条明确规定：“证券交易活动中，涉及发行人的经营、财务或者对该发行人证券的市场价格有重大影响的尚未公开的信息，为内幕信息。”

由此我们不难发现，内幕信息有两大特性，即重大性和非公开性。其中，重大性通常以该信息会对股票价格产生显著影响作为评判标准。这也意味着，该信息的公开会导致大盘指数产生显著波动。

此外，在《证券法》第八十条第二款、第八十一条第二款中，也明确列出了属于内幕信息的重大事件。

3. 内幕交易的行为类型

内幕交易的评判最终以交易行为作为落脚点，毕竟在知悉内幕信息后，还需要付诸行动才能构成内幕交易。内幕交易行为主要有自行买卖、建议他人买卖、泄露信息。

我们在公司上市及自行投资时也应该提高警惕，不要盲目相信内幕信息。证监会正严厉打击内幕交易，进行内幕交易不仅会被处以罚款，情节严重者还可能被处以刑罚。

11.4.2　“最惨”内幕交易：既亏了钱，又被罚款

黄某与邦宝益智的高管相识，提前得知了该公司要被收购的消息，于是在该公司停牌前最后一个交易日，花了300多万元购入该公司大约8万股股票。虽然该公司早在两年前就与收购方确立了收购合同，开始准备相关材料，并于同年签署了框架协议，但后来收购以失败告终。

与此同时，邦宝益智的股票跌停3次，黄某被迫抛出自己持有的股票，结果亏损了135万元。

更麻烦的是，由于黄某购入股票的时间与停牌时间高度吻合，且在交易前黄某与知情人有电话联络，证监会就此断定此次交易行为异常，与黄某的过往交易习惯明显不同。

在听证过程中，黄某及其代理人试图证明该次交易行为正常，并从收购事项失败、相关信息未被公开、客观证据不足、电子证据取证不合法等方面提出申辩，但这些申辩被证监会一一驳回。

证监会认为，黄某在与知情人通话的次日大量购入股票，交易金额为开户以来单日买入最大值，交易行为显著异常。此外，黄某所得信息是否为内幕信息，与收购是否成功无关，黄某知悉并试图利用该信息盈利的行为已经构成违法；证据卷中存有被收购公司的系列公告，与黄某所说的相关信息未被公开不符；此次案件中，言辞证据与客观证据共同证明黄某的违法行为成立；电子证据的形式及取证过程均符合法定要求，并有相关记录。

最终，在亏损135万元后，黄某还被处以30万元罚款。

11.4.3 公司高管进行内幕交易，被处以刑罚

王某是某集团资本运作部副总经理，负责该集团关于某项重大资产重组整体方案的起草、制订、研究等相关工作。王某在聚餐过程中向其好友王某某透露相关内幕信息，并在信息敏感期内进行7次通信联络与6次短信联络。

在与王某联络的第二天，其好友向王某某兄弟账户转入资金600万元，并通过该账户买入67万股股票，此后间断地买入与卖出。截至同年5月，其好友王某某共买入98万股，累计成交金额1402万元。在将持有股票全部卖出后，产生35万余元的亏损。

由于王某与其好友王某某在信息敏感期内多次联络，且在联络次日，其好友使用大量资金集中购入同一股票。同时，其好友王某某提供的购买理由和行情分析，不足以支撑此次购买决策，此次交易不具有正当理由。其好友王某某此次交易的资金来源、持股集中度等均与往期股票交易有明显不同，买卖情况与其和王某的联络节点有所对应。

证监会据此判断此次交易行为有明显异常，认定王某某非法获取内幕信息。并于次年发布行政处罚决定书，责令王某某依法处理持有的证券，并处以30万元罚款。

2020年8月，法院宣布王某泄露内幕信息行为构成犯罪，对其判处有期徒刑3年，缓刑3年，罚款30万元。其好友王某某的行为构成内幕交易，被判处有期徒刑5年零6个月，罚款50万元。

第12章

市值管理：实体与资本的良性交互

在公司成功上市后，市值管理便成为公司经营的头等大事。市值管理即上市公司运用多种合规方法，实现公司实体与资本的良性交互，从而实现资源配置最优化、经营风险最小化、公司价值最大化。基于此，我们应该充分了解市值管理的重要性，合理运用市值管理及资产证券化这个实用工具，增强公司可持续发展的能力。

12.1 得市值者得天下

随着经济的蓬勃发展，许多公司向资本市场投入大量资金，导致公司可支配资产日益紧张。在这种情况下，“得市值者得天下”不再是一句戏言，能够帮助上市公司降低再融资成本、提升市场竞争力、实现可持续盈利的市值管理，也被再次推上高位。

12.1.1 4R关系理论

对于上市公司而言，最重要的4个对象就是投资人、分析师、媒体和监管机构，因他们的英文首字母皆为R，故简称“4R”。4R对公司的评价会在某种程度上影响公司估值，因此在进行市值管理时，我们需要维护好公司与4R的关系。

下面分别讨论如何与投资人、分析师、媒体和监管机构建立良好的关系。

1. 投资人

许多公司在获得投资后，便不会对投资人进行管理，但投资人是否具有敏锐的市场洞察力、是否能为公司带来资源或品牌效应等，会对公司未来发展产生影响。因此，我们不能只关注投资人能为公司带来多少资金，还需要与优质投资人建立良好的联系，充分利用其资源提升公司价值。

随着证券发行注册制的推广，许多上市公司的股本相较之前有了明显缩小，在进行后续的公开募股、再融资、大股东减持后，公司则会更多地面对中小型投资人。我们也应该及时将关注重点从大股东转移到中小股东上来，实现所有投资人的价值最大化。

在进行投资人关系管理时，我们需要坚持事实第一、及时披露、公平对待的基本原则，全面整合公司内部信息，在公司官网设置专门板块，将与投资人投资决策相关的信息及时、准确、公平地披露出来。此外，我们还可以定期召开公司经营分析会，针对公司的重大决策与投资人进行沟通。

2. 分析师

证券分析师是对股票、债券等进行分析预测的专业人员，他们通常会通过分析公司财务状况来预测股票价格走势，为投资人提供投资建议。

上市公司越来越多，分析师的地位也随之提升。如果分析师对某家上市公司发布有深度研究报告，或者多位分析师将其股票评级为买入或增持，说明这家公司获得了资本市场的认可，很可能获得更高的估值。因此我们一定要与优质分析师绑定，并通过他们的影响力实现公司与资本市场的对接。

当然，刚刚上市的公司基本不会受到分析师的关注，我们可以通过组织路演的方式寻找可能对公司感兴趣的证券分析师，与其深度沟通公司的商业模式、经营情况、盈利水平等，提升对方对公司的兴趣。此外，做好预期管理、与分析师和基金机构保持联系，都可以有效提高市场对公司的关注度。

3. 媒体

财经媒体同样会为投资人提供投资建议，其影响范围较证券分析师更大，是影响资本市场的另一个重要渠道。媒体将上市公司与投资人进行连接，其管理效果直接影响到资本市场对公司价值的认可度，越来越多的上市公司开始着力维护与媒体的关系。

大众媒体是公司进行信息披露的主要渠道，也是投资人主要的信息来源，具有极强的权威性，可以影响投资人的判断。同时，随着经济的快速发展，自媒体逐渐成为公司对外宣传的中坚力量。在自媒体的作用下，公司新闻尤其是负面新闻很容易在短时间内发酵，从而影响投资人和资本市场对公司的评价。如果我们不能妥善处理危机，很可能导致公司市值大幅缩水。当然，如果危机处理得当，也可以化险为夷，提升公司的正面形象。

因此，我们需要加强与媒体的合作，接受媒体对公司管理层的采访要求，善用自媒体进行推广宣传，从而全方位提升公司形象。

4. 监管机构

一切融资活动和相关的新闻报道都必须受到监管机构的管控，因此我们也应该与监管机构建立良好的关系。当然，与监管机构建立关系绝非与之进行权钱交换，而是要建立信任，使得公司的各项活动可以顺利、高效、低成本地开展。

要想与监管机构保持健康的关系，我们必须实现公司运作的高度透明化，使用合法、合规、合理的方式进行资本运作，全方位配合监管机构的监管工作，保证资本市场的可持续发展。

维护好上市公司与4R的关系，可以有效改善公司的治理结构，从而大幅提升公司的投资价值。随着证券市场的不断规范，4R管理将成为上市公司链接资本市场的重要工具，同时很可能成为上市公司内部管理的重要成分。

12.1.2 公司估值的常用方法

对公司进行估值一直是非常困难且主观的过程，我们可以借助其他方法对公司价值进行判断，其中贴现现金流法、可比公司法、可比交易法是最常用的3种方法。

1. 贴现现金流法

贴现现金流法基于这样一个基本概念，即公司的价值等同于其在未来现金流之和的折现。这种估值方法主要用于能够持续创造收入的公司，通常会关注其未来5～10年的预期收入，同时还会重点考量现金流、贴现率、控制权溢价及非流动性折价等因素。

考量未来5年或者10年的自由现金流，需要对目标公司的业务和竞争优势有充分的了解。创业者与投资人的看法会在其中得到反映，如目标公司的利润率会提高，销售增长速度会降低，或者需要增加投入来保养现有的设备厂房等。

贴现率指的是投资人需要从此次投资里得到的回报率。如果投资人认为项目风险高，他会要求更高的贴现率。晨星公司曾经根据经验确定贴现率范围为8%～14%，风险越高、波动越大的行业取值越高，越接近14%；风险越低、波动越小的行业取值越低，越接近8%。

上市公司股份交易的成本几乎为零，而创业公司的融资交易则需要投入大量资源和时间，贴现现金流估值法应该将这部分成本考虑进去。市场通常会给创业公司 20% ～ 30% 的非流动性折价。如果贴现现金流法运用合理，将会是非常强大的工具。

2. 可比公司法

可比公司法是投资人比较喜欢使用的估值方法，即用可比上市公司乘数来决定公司估值，因为可比上市公司的数据通常更具时效性和真实性。其关键是要有一组合适的可比公司，与待估值公司在公司规模、产品组合、增长潜力等方面高度相似。

首先，我们要在同类公司里进一步筛选出与目标公司的业务、财务特征最为接近的公司，然后排除离群值；其次，我们要分析和比较交易倍数，然后找到最佳可比公司；最后，我们要用这些比率作为市场价格乘数做出估值。

可比公司法的优点：基于市场数据，可以反映总体市场的动态。和贴现现金流法相比，可比公司法非常简单快捷，只需要找到最相似公司的关键财务绩效指标和交易倍数，就能进行估值计算。

3. 可比交易法

可比交易法与可比公司法大致相同。它需要我们选择同行业中与目标公司规模相同，但是已经被投资、并购的公司。在这些公司的估值基础上，获取与融资估值相关的财务数据，并计算出相应的融资价格乘数，以此为依据对目标公司进行融资估值。

总体来说，可比交易法的运作流程是这样的：A 公司在不久之前获得融资，B 公司与 A 公司同属一个行业，并且业务领域与 A 公司相似，但是 B 公司的经营规模比 A 公司大 3 倍，那么在对 B 公司进行融资预估时，就需要在 A 公司的估值基础上扩大 3 倍左右，虽然实际融资估值会出现偏差，但是在大体上，其融资估值的效果还是可以参考的。

12.1.3　市值管理与股市周期波动

股市存在周期性变化，牛市、熊市并不是这种周期性变化的唯一表现，牛市中同样存在结构性熊市，熊市中也存在结构性牛市。资本市场也是同样，通常会在波动中前进，公司的市值也极易受所处波动周期影响。

我们应该充分利用股市的周期波动提升公司市值。例如，在股市高点进行减持、增发、跨行业并购等，在股市低点进行增持、资产注入、去并购等。

市值管理不是公司市值的盲目提升，而是需要让公司的市值与公司的实际价值相符。进行市值管理要求公司可以实现长期、持续地盈利。

在股市震荡剧烈之际，更需要我们做好市值管理，使得公司结构可以在市场冲击中更为完善。拥有较强盈利能力及可持续发展前景的公司，即使在震荡的股市中，也能实现盈利的稳定增长。

值得注意的是，进行市值管理并不能在短期内迅速提升公司股价，它更倾向于细水长流地优化公司整体结构。因此，进行市值管理切忌急于求成，应该打好底层基础，为公司股价上涨做好铺垫。

股市的大幅波动很可能会降低上市公司的市盈率，即导致股票面值小于公司实际价值，这也会让许多人认为在此时买入可以获得更大的收益。但由于宏观的经济状况并不稳定，上市公司往往面对更大的经营压力，从而导致公司实际业绩下降。如果我们时刻对公司进行市值管理，等到股市回稳便能一跃而起，成为行业黑马。

要想做好市值管理，我们必须做好危机公关，完善财务报表，高度重视公司的资本运作情况，如公司的发展战略、大型项目等，同时我们还可以利用并购重组、股权激励、资产证券化等方式直接进行公司市值管理。

当然，在股市波动期间，试图通过提升股价来提升公司市值的行为非常危险。如果操作不当，不仅会损害上市公司形象，还可能形成资产泡沫，在泡沫破裂后，公司的价值会大幅下跌，严重者可能导致退市。

12.2 市值管理三大措施

市值管理以实现公司市值的稳定增长为目标，可以通过多种资本运作方式实现。其中，业务拆分、不良资产剥离、引入战略合作伙伴是进行市值管理最常用的三大措施，这三大措施可以帮助我们快速、高效地实现公司价值的最优化。

12.2.1 业务拆分："1+1＞2"的效果

进行业务拆分是一种新型的资本运作方式。进行业务拆分，会导致新生业务无法实现资金、技术、信息、人力等资源的共享，看上去并不利于公司的整体发展。但实际上，由于业务风险、资金状况均不相同，多个业务混杂很可能会导致公司估值降低，将这些业务进行合理拆分，反而可能会实现"1+1＞2"的效果。

下面以神州数码为例，简述业务拆分的益处。

将原有业务进行拆分，分别成立"联想集团"和"神州数码"两家子公司，是联想实施的最大规模的战略性调整。但在进行业务拆分之前，这两大核心业务其实可以很好地发挥协同效应，那么，联想为什么要进行业务拆分呢？

首先，两项业务存在竞争关系。随着联想公司业务的扩大及市场份额的提升，其代理分销业务与自有品牌业务之间的冲突逐渐开始显现。随着自有品牌的不断升级，其与代理分销品牌的竞争日益激烈。但放弃哪一部分都会对联想公司产生重大影响，将两大核心业务进行拆分也因此成为联想公司实现发展壮大的必由之路。

其次，进行业务拆分可以优化资源配置。拆分后，两家公司的业务更有针对性，这也使得母公司可以更好地进行资源配置，提升管理效率。与此同时，联想还在拆分过程中实现了重点业务的转移，拆分完成后，两项业务在公司总营收中的占比由60%提升至83%，有效增强了公司的竞争优势。

最后，进行业务拆分还可以解决员工的股权激励问题。联想公司在建立初期就积极推动员工持股，但员工持有股票与工作业绩并无关联，因此并未产生很好的激励效果。业务拆分后，两家公司将独立发展不同业务，员工手中的股票也将与所在公司直接关联，这使得公司的激励机制得以完善，同时还可以最大限度地激发员工责任心。

将公司业务进行横向拆分后，神州数码与联想集团成为两家独立的公司，双方的分支部门与整体架构产生了相应的变化。联想集团的市场定位及发展战略更加清晰，其市值与市盈率得到了显著提高。

与此同时，神州数码虽然偶有亏损，但在进入战略转型期后，同样得到了迅猛发展，其市值也有所提升。时至今日，神州数码已经实现从个人用户到大型行业用户的全面覆盖，成为国内最大的 IT 服务商之一。

12.2.2 不良资产剥离

进行资产剥离并不与经营失败画等号，这其实是公司为实现更好发展而进行的战略性放弃。在将那些与公司整体发展方向不相符、没有成长潜力、影响公司整体发展的资产剥离后，我们就可以将资源集中于公司优势业务，使得公司的资源配置更为合理，从而提升公司的整体价值。

例如，恒顺醋业是镇江香醋的创始者和代表者，主营调味品。在房地产市场火爆之际，恒顺醋业盲目进军房地产领域，导致公司出现巨额亏损，公司市值大幅降低。针对此，恒顺醋业决定将非主业资产进行剥离，将房地产业务分配给子公司恒顺置业。

将公司不良资产剥离后，恒顺醋业的业绩出现明显提升。次年，其调味品业务营收 11 亿元，同比增长 14%，扭亏为盈，之后公司市值屡创新高。

以下为进行资产剥离的基本步骤。

第一步，设立工作小组。对于那些大中型公司而言，不良资产的剥离与重组是复杂且艰巨的工作，需要设立专门工作小组。

第二步，制定剥离与重组方案。工作小组成立后，应充分考察公司的实际经营情况，了解重组改制相关规定，并据此制订出符合规定、切合实际、可操作性强的具体实施方案。

第三步，组建不良资产管理机构。不良资产从公司主体中剥离后，还需要有专门的机构对其进行管理，这就要求组建定位明确、职责清晰的不良资产管理机构。若实行子公司管理模式，可以组建法人实体；若实行部门管理模式，则可组建相关部门。

第四步，对资产及财务账目进行清理。对公司的财务账目及全部资产进行清理与核实，同时制作资产负债表、损益表、债务明细以及主要资产项目等财务资料，将这些内容编制为资产清查报告。

第五步，由中介机构进行审验。在资产清查报告编制完成后，即可将其交由会计师事务所审验，通过这种方式保证资产清查结果客观有效。

第六步，确定剥离资产项目与剥离方式。在公司资产清查无误后，就需要由工作小组对公司的资产状况进行分析，按照相关规定划分公司的各类资产，从而确定不良资产的范围或具体项目。同时，根据公司的实际情况选择最适合的剥离方式，上报给决策层进行审批。

第七步，实施剥离与重组。审批通过后，执行具体剥离方案，如准备文件、签订协议、分离账目、办理资产移交等。

资产置换、委托管理、投资、收购、减资、坏账核销都是常用的资产剥离方式，我们可以根据实际情况进行选择。但不管以何种方式剥离资产，都可能会影响公司股东的利益。我们应该实现资产转移价格公平化、方案合理化、过程透明化，尽力消除不利影响，争取得到股东的支持，避免出现法律纠纷。

12.2.3　引入战略合作伙伴

公司的扩张速度超过市场需求，很可能导致业绩增长乏力。在这种情况下，如果我们可以引入战略合作伙伴，充分利用其优势资源，就能够扩大公司盈利增长空间，显著提升公司市值。

自成立以来，轻住集团已在全国200多个城市建成3000余家酒店。其创始人表示："集团与战略伙伴的合作不仅仅是一门生意，轻住集团将会以自身的品牌和运营优势与合作伙伴携手共进，共同实现可持续发展。"

2021年4月，轻住集团宣布与多家公司达成战略伙伴关系，此次合作不仅涉及智能服务等能有效提升用户体验的公司，还涉及新零售、快装等领域的公司，实现了多种不同调性品牌的链接，从而提升了项目的用户适配性，全面拓宽了公司的增值渠道。

近年来，整个酒店行业都在积极推动产业结构升级，其用户群也开始从产品消费升级为场景消费。轻住集团尝试通过引入战略合作伙伴的方式，打造更为完善的生态网络，最终实现共同发展。

在引入战略伙伴后，轻住集团在酒店运营、用户体验等多方面得到显著提升。业界专业人士对轻住集团的未来很有信心，认为其盈利可以稳定、高效增长，其市值也能够有很大突破，甚至可以达到上万亿元。随着合作的深入，轻住集团也将充分发挥战略合作优势，持续展现品牌价值。

12.3 上市公司市值管理模式

随着大量公司相继上市，市值管理成为公司管理的热点话题。不同的人对市值管理的不同理解也衍生出不同的市值管理模式。对现存的市值管理模式进行全方位了解与分析，我们可以更好地辨别不同模式的科学性、可行性与合理性，从而为公司选择最适合的市值管理模式，实现公司市值的可持续增长。

12.3.1 券商管理模式：盘活存量

近年来，随着券商业务的创新发展，券商的市值管理模式也随之兴起。这种市值管理模式以盘活公司大股东的持股存量为核心，并通过这种方式获得相应的佣金或利息收入，通常可以通过以下几种方式实现。

（1）股权托管。股权托管是券商的传统经纪业务，即说服公司的各大股东将自身的股权托管到券商营业部。这样不仅可以获取业务佣金，还可以为后续的市值管理创造条件。

（2）大宗交易。大宗交易是一种交易规模远超市场平均规模的证券交易行为。由于券商存在特有的大宗交易通道，无论是帮助股东寻找接盘方，还是由券商直接接盘都十分方便快捷。这种方式可以在不对当前股价产生冲击的情况下，帮助股东将持有的股票变现。

（3）股权质押融资。即股东将自有股权进行质押，并在到期后归还本金及利息的融资方式。在股东不想降低持股比例，或持有股票处于禁售期的情况下，可以通过股权质押融资的方式获取资金。

通常情况下，主板的质押率为4折，中小板和创业板的质押率为3折。虽然股权质押融资的年利率高于银行（通常为8%），但这种方式放款效率更高，也不会限制资金用途。

（4）融券业务。即券商向用户出借资金或证券，供其买入或卖出证券的业务。如果股东持有的股票可开展融券业务且已经解禁，那么券商就可以支付相应的利息，向股东借出证券，到期后再归还给该股东。

（5）约定式回购。即股东将持有股票以约定价格出售给券商，同时约定购回的时间与价格。这种方式非常适合那些看好股价走势，且持有的股票不可开展融券业务的股东。

（6）高抛低吸。即股东在一段时间内将持有股票交由券商管理，券商根据市场行情在高点抛出、在低点吸入，其中产生的收益则由双方按约定比例分配。

12.3.2 大宗交易商管理模式：提高股价

上市后，许多公司尤其是中小型公司的创始股东都会产生减持套现的冲动，希望持有的股票可以立即产生收益。但是，股东直接减持非常容易对公司的股价造成冲击。为避免这种情况发生，股东们通常会选择通过大宗交易实现减持。

股东们巨大的减持需求，给那些从事大宗交易业务的机构带来前所未有的机会，大宗交易商的市值管理模式应运而生。

大宗交易，即减持方将持有股票以收盘价的 9.6 折抛售给大宗交易商，大宗交易商再以不低于成交价的价格进行抛售的交易行为。其中的折扣率由该股票的换手率决定，换手率较高的股票有可能出现溢价，换手率较低的股票折扣率有机会跌破 9 折。

大宗交易商的市值管理模式则是这种交易行为的变形，其主要的运作方式为提高股价，通常有以下两种模式。

1. 先提高股价后交易

这种交易模式需要先由股东与大宗交易商确定交易与分成的相关协议，再由大宗交易商提高股价，最后由股东以协定价格将持有股票抛售给大宗交易商。在获得股票后，大宗交易商便可择日以市场价格卖出，从而获取相应的收益。

2. 先大宗交易后提高股价

这种交易模式需要先由股东以折扣价将股票抛售给大宗交易商，再由大宗交易商将股价提高至目标价位后进行抛售，最后股东与大宗交易商按照比例进行收益分成。

12.3.3 私募基金管理模式：共同坐庄

随着越来越多的人进入证券市场，许多投资技术被广泛普及。与传统的独立坐庄方式相比，与上市公司共同坐庄，不仅可以有效分散风险，还可以提升胜算率，获得更大的收益。在这种情况下，共同坐庄、共同盈利的观念得到了许多私募基金机构的拥护，由此形成了以共同坐庄为核心的私募基金市值管理模式。

这种市值管理模式的基本操作流程如下。

第一步，商议计划。私募基金机构与上市公司对共同坐庄的计划细节进行商议，例如双方的出资金额、收益分成方案、具体操作方案等。

第二步，压低股价。庄家会在证券市场上压低股票价格，上市公司也会同步放出公司业绩不佳、资金短缺等利空消息，促使股价下跌，共同引导持有者抛出。

第三步，提升股价。在庄家持有量达到一定程度后，私募基金机构会发布推荐买入报告，宣传该股票的投资价值；上市公司也会同步放出公司业绩大幅预增、优质资产注入等利好消息，将股价向上推升。

第四步，进行抛售。待该支股票的市场认可度达到空前高度，庄家会将持有股票抛售，或者由公募基金接盘，由此产生的收益则会按照协定方案进行分配。

12.3.4 财经公关商管理模式：价值营销

价值营销，即通过向用户提供价值更高的产品或服务，提升自身竞争优势的营销模式。财经公关商则以价值营销为核心，为上市公司进行市值管理。

传统的财经公关公司主要为首次公开募股的公司提供媒体关系及投资者关系管理服务。其中，媒体关系管理主要是与媒体进行合作，例如在各类媒体上发布正面报道、帮助公司进行负面新闻公关等。投资者关系管理主要是维护公司与投资人之间的关系，例如组织路演活动、在成功上市后举办庆功宴等。

由于这类财经公关服务入行门槛较低，且只适用于未上市的公司，故而竞争较为激烈。鉴于此，那些财经公关公司便开始调整自身业务内容，尝试与上市公司合作。在实际操作中，许多财经公关公司自称会为上市公司提供市值管理服务，但它们的业务转型并不彻底，依然在为上市公司提供媒体关系及投资者关系管理服务。但上市公司几乎不存在类似需求，这种市值模式也因此难以实现广泛应用。

12.3.5 咨询机构管理模式：产业整合

产业整合，即公司为增强自身竞争优势，对产业的整个体系进行资源再分配，从而形成优势主导产业结构的过程。

管理咨询机构是一种中介性质的服务机构，主要为公司提供发展战略、营销战略、人力资源战略、管控架构、资本运作等智力咨询服务。随着越来越多的优质公司成功上市，许多管理咨询机构开始尝试与上市公司合作，为上市公司提供市值管理等咨询服务。

管理咨询机构在为上市公司制定发展战略的同时，还会为其制定更深层次的战略规划，如怎样借助资本市场实现产业整合等。这种方式可以帮助上市公司实现外延式增长，增强其盈利能力，从而实现市值的提升。

12.4 资产证券化：市值管理的实用工具

资产证券化，即将那些缺乏流动性、可稳定产生现金流的基础资产，通过信用增级发行证券的融资活动。我们可以通过资产证券化实现低成本融资，增强公司的借款能力。在进行资产证券化之后，公司资产的流动性增强，风险资产相应减少，我们可以更便捷地进行资产管理。随着资本市场的蓬勃发展，资产证券化已经被广泛应用于市值管理。

12.4.1 资产证券化与市值管理

从宏观角度出发，实现资产证券化即盘活那些流动性较差的存量资产，释放某些特定产业链的风险，以利于经济的平稳运作。从公司角度出发，实现资产证券化也可以帮助我们更好地进行市值管理。

实现资产证券化可以显著增强资产流动性，盘活那些流动性较差的长期资产，提前实现收益变现。这样可以有效缩短资金回笼时间，缓解公司的现金流压力。

资产证券化将公司的融资渠道拓宽，同时也降低了融资门槛。它不仅不会对公司的资金用途设限，还可以根据公司需求自行设置融资期限。如果公司负债率较高、盈利能力较弱，则难以通过传统的债权融资渠道进行融资，资产证券化是以公司未来收益，而非公司信用及偿还能力作为融资担保，为公司发展带来全新的可能。

同时，资产证券化的融资成本通常低于同期的银行贷款利率，公司的融资费用会相应降低，公司的负债结构也能得到进一步优化，从而提高资金的流动速度及使用效率，实现公司信用和偿还能力的提升。

此外，由于不同公司的基础资产不同，在将这些资产进行结构重组后，我们就可以获得不同风险、不同收益的证券品种，从而满足我们在期限、收益和利率等方面的需求。

随着资本市场的深入发展，资产证券化的优势也将从各个方面得以展现。如果我们能够巧妙运用资产证券化实现市值管理，就可以向资本市场传递一个积极的信号，从而获得更多投资人的认可，全方位提升公司市值。可以说，对于大多数上市公司而言，通过资产证券化实现市值管理有百利而无一害。

12.4.2 资产证券化的运用应该与市值管理相协同

资产证券化是资本市场新出现的融资形式，它不仅是市值管理的起点，还是进行市值管理的实用工具。其运作逻辑如图12-1所示。

在了解资产证券化的逻辑后，我们便可以在进行资产证券化的过程中，实现其与市值管理的协同作用。

第一步，确定基础资产。我们要选择现金流稳定、风险较小的资产作为进行证券化的基础资产，除此之外，这些基础资产还应该被允许合法转让、具有较强的流动性，同时也不可以存在抵押或质押等权利限制。在将这些资产进行整合后，即可得到公司的基础资产池。

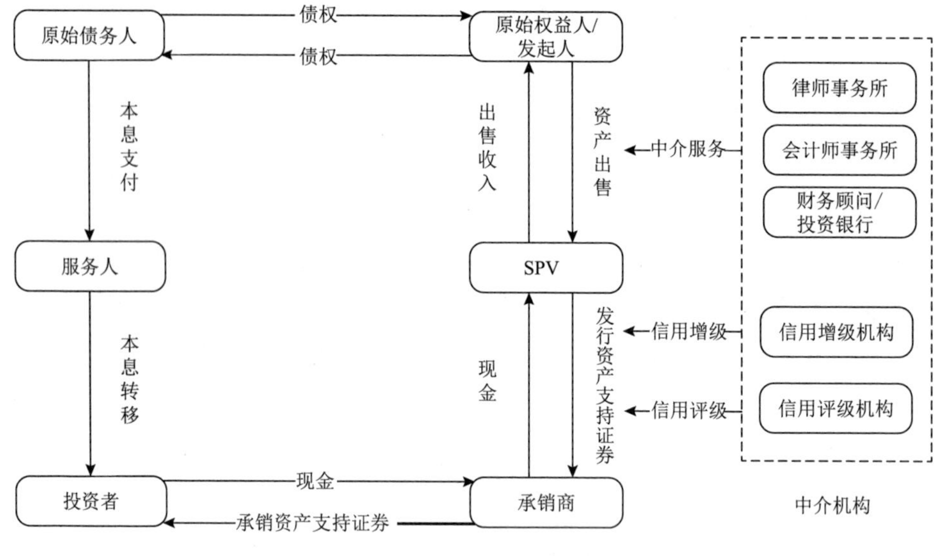

图 12-1　资产证券化逻辑图

第二步，设立 SPV。SPV（Special Purpose Vehicle，特别目的载体）是实现资产证券化的核心过程，所有工作都将围绕它展开。SPV 是“不会破产”的实体，在此过程中，我们需要最大限度地降低破产可能带来的影响，实现风险隔离。

第三步，发起人将资产转让给 SPV。值得注意的是，此次转让必须构成真实出售，即将资产完全出售给 SPV，实现资产所属权的法律转移，让与、债务更新从属参与等均可被视为真实出售。

第四步，发起人或第三方对资产进行信用增级。顾名思义，信用增级即提升资产的信用评级，可分为内部信用增级与外部信用增级两种。其中，内部信用增级包括超额抵押、超额利息收入、回购触发条款等方式。外部信用增级包括第三方担保、流动性贷款、银行担保、信用保险等方式。

第五步，SPV 邀请信用评级机构进行评级。此次评级针对证券化过程中的环节及资产进行，其信用等级越高，代表证券化的风险越低，发行证券的成本也就越低。资产的法律法规风险、操作管理风险、信用质量和交易结构都是信用评级机构考察的重点。

第六步，SPV 对资产进行结构化重组。同时，还会通过公开发售或者私募的方式发行证券，此次发售对象以机构投资者为主。

第七步，SPV 向发起人支付款项。SPV 或其他机构将作为服务商进行资产打理。除收集现金流外，还会负责资金划拨及相关税务、行政等事务。

第九步，SPV利用资产产生的现金流向投资人偿还本金及利息。若在清偿后仍有剩余，则会将剩余现金返还给发起人。一个与市值管理相协同的资产证券化过程至此完成。

12.4.3 如何正确运用资产证券化？

市值管理需要我们进行长期、高效的运作，可以稳定产生收益的资产证券化行为刚好可以满足市值管理的要求。作为一种债券性融资，资产证券化的操作更简便，可以有效节省我们的时间和精力。

不仅如此，在对公司资产进行梳理后，我们就可以将那些与公司主营业务相关的资产注入公司内部，从而完善公司治理结构，充分发挥资源的协同效应。那么，我们如何才能利用好资产证券化这个工具，实现公司市值的提升呢？

首先，需要挑选出公司的优质资产。我们需要将公司的基础资产进行分类，分别鉴定各项资产的风险级别，筛选出独立性强、能稳定产生现金流的优质资产，这样才能更好地获得投资人的信任，从而获得更多的可流动资金。

其次，需要灵活利用公司的基础资产。每个行业都存在众多可证券化的基础资产，其中不仅包括公司债权、应收账款，还包括公司的运营项目，如PPP（Public-Private-Partnership，公私合营模式）项目、REITS（不动产投资信托）基金等。灵活选用公司的基础资产，可以提升发行证券的成功率。

再次，需要积极融入资产证券化的生态圈。随着经济的不断发展，资产证券化的生态圈也将从基础设施、专家指导、社交应用、行业会议等方面实现全方位布局。我们应该借此机会融入其生态圈，充分利用圈内资源，全面提升公司市值。

最后，需要量力而行，避免违约。发展至今，资产证券化的违约事件虽然仅有几例，但仍需要得到重视。例如，“大成西黄河大桥通行费收入收益权专项资产管理计划”的基础资产获得AA+的信用评级，共发行优先级证券5亿元，但其经营风险较高，产生的现金流并不稳定，最终成为中华人民共和国成立之后第一例资产证券化违约事件。

在监管日趋完善的大环境下，我们应该充分利用资产证券化这条融资渠道，促进公司与资本的良性互动，增强公司资产的流动性，进一步提升公司的市值。

第13章

并购重组：搞活公司资本的重要途径

美国著名经济学家乔治·斯蒂格勒曾说过：“通过并购其他竞争对手成为巨型企业是现代企业成长的规律。”并购重组是实现公司扩张与提升市场占有率最快的战略，也是搞活公司资本的重要途径。

在激烈的市场竞争中，一些发展强势的公司要谨慎对待并购重组模式的诱惑，理性分析公司是否处于快速扩张阶段。如果所处发展阶段合适，并购重组可以是助推公司发展的加速器；但如果所处发展阶段不合适，并购重组则可能会成为公司走向灭亡的催化剂。

13.1 设计并购重组方案的要素

无论是公司领导人，还是并购负责人，都需要了解与并购重组相关的关键条款。在并购之前学习如何设计并购重组方案是非常必要的。对于并购重组方案而言，交易价格、支付方式和支付工具、奖励和补偿等安排、并购过渡期都是必不可少的“框架”。

13.1.1 交易价格

确定交易价格是并购重组方案的核心部分，交易价格的确定需要基于被并购方的资产及股权的公允价值，同时其最终价格又会受到多种因素影响，如并购方是否可以获得控股权、并购股份是否具有流动性、交易的协同效应及成本等。

在确定预估价格时，通常需要考虑资产负债表上记载的股东权益。如果被并购方提供的资产负债表是真实的，而且没有错误，那么这个预估价格就无须调整；如果资产负债表上的股东权益与之前相比发生变化，那么预估价格就需要进行相应调整。

对于并购方来说，为预估价格留出调整空间非常必要，这有利于防范和规避并购的风险。此外，如果被并购方的信息和资料披露得不够充分，并购方就更应该关注估价条款，否则很可能会使自己的利益受到损害。

在并购协议签署之后，并购方将对被并购方的财务、资产、账目等进行稽核，并根据最终结果对股权的预估价格进行调整。在具体操作时，并购方需要进行以下几项工作。

（1）根据被并购方提供的明细表，对其资产、土地使用权、知识产权等进行查验。如果实际数量与明细表上记录的数量不相符，则需要参照已有部分的单价调整被并购方的总值和所有者权益。

（2）对资产负债表上列明的货币资金、各项流动资产、应付账款进行稽核，对欠据、借条、坏账进行处理，据此调整被并购方的总值和所有者权益。

（3）对被并购方的存货进行稽核，对不能使用的、超过保质期的、主机报废的备品备件，以及不再上市的包装物进行报废处理，据此调整被并购方的总值和所有者权益。

（4）对各种税款是否缴纳、应付经销商的返利和折扣是否支付或者预提、员工的奖金和福利费用是否预提、员工的保险是否按期缴纳、其他负债项目是否清理完成进行稽核，据此调整被并购方的总值和所有者权益。

通过上述工作，我们可以得到股权的价格（这里是指股权的最终价格，而非股权的预估价格），然后再将这个价格以签署并购协议的方式确定下来。对于并购方来说，稽核和查验等工作应该在2周内完成，且整个过程需要由专业人士主导。

在具体时间方面，将稽核、查验工作安排在交割完成之后比较合适，此举对并购方更有利。因为交割完成就意味着被并购方已经由并购方管理，各项工作的开展会容易和顺利一些。当然，这也是应对被并购方披露不足的有效策略。

13.1.2 支付方式和支付工具

经过近百年的发展，公司在并购中的支付选择也呈现出多样化趋势。随着资本市场的发展，股权支付、杠杆支付、综合证券支付等成为并购交易中的主要支付手段。我们需要结合企业自身特点及其市场地位，选择最适合的支付方式和支付工具。

1. 现金支付

现金支付即收购方直接使用现金购买目标公司的资产或股权，是最直接、最简单的支付方式，常见于中小型公司的并购活动中。

现金支付的优点主要表现为简单迅速、可即时得利，使用这种支付方式可以有效减少决策时间，避免错过最佳并购时机。此外，由于未出现股权、杠杆、证券等金融工具，被并购公司的股东结构不会发生变化，不会出现股权稀释或控制权转移等问题。

但对于被并购方而言，公司无法享受优惠的税收政策，也无法享有新公司的股东权益，这些都会打击股东接受并购的积极性；对于并购方而言，现金支付要求并购方拥有充足的现金流或短期筹资能力，交易规模也容易受到制约，是一种较为沉重的即时负担。

2. 股权支付

股权支付又称换股并购，即并购方将被并购方的股权进行转换，被并购方就此停止运营或成为并购方的子公司。

使用股权支付，不仅可以推迟被并购方的收益时间，实现延迟纳税，还可以缓解并购方的资金压力，降低支付成本。同时，由于并购双方信息不对称，在并购交易中，并购方难以进行准确估价。股权支付就可以将估价风险转嫁给被并购方，使得并购双方共同承担相应的风险。

股权支付受上市规则制约，交易程序相对复杂。同时，由于股权支付还会改变并购双方的资本结构，可能会稀释原股东的股权及控制权，使得被并购方的投资收益降低，还可能招来风险套利者，从而提升并购方的收购成本。

3. 杠杆支付

杠杆支付的本质是债务融资，即通过债务获取并购所需的大部分资金。如今，这种支付方式的应用日益广泛。许多公司的管理层会通过债务融资收购任职公司的股票或资产，进一步取得公司控制权。

杠杆支付优势明显，并购方只需要提供部分资金，后续产生的负债利息可以帮助并购方减轻税务负担。但并购方的债务比重和贷款利率会因此而提升，这也会降低并购方的风险承受能力。

4. 综合证券支付

综合证券支付又被称为混合并购支付，即利用现金、股票、证券、公司债券等多种方式混合支付。如果我们可以根据实际情况将多种支付工具进行组合，就可以充分发挥每种支付工具的优点，有效避免公司财务结构恶化、公司控制权转移等一系列问题。

支付是公司进行并购重组的关键环节。合理的支付方式，不仅有利于推进并购，还可以提升并购双方的收益。在并购过程中，我们应该将获得最大效益作为并购宗旨，结合公司特点与市场地位，设计最佳支付方案。

13.1.3 奖励和补偿等安排

奖励和补偿等安排是设计并购重组方案的关键点。《上市公司重大资产重组管理办法》中对是否需要进行业绩补偿做出了明确规定。

该《办法》第三十五条第一款规定："采取收益现值法、假设开发法等基于未来收益预期的方法对拟购买资产进行评估或者估值并作为定价参考依据的，上市公司应当在重大资产重组实施完毕后3年内的年度报告中单独披露相关资产的实际盈利数与利润预测数的差异情况，并由会计师事务所对此出具专项审核意见；交易对方应当与上市公司就相关资产实际盈利数不足利润预测数的情况签订明确可行的补偿协议。"

该条款的第三款对进行业绩补偿的条件做出进一步规定："上市公司向控股股东、实际控制人或者其控制的关联人之外的特定对象购买资产且未导致控制权发生变更的，不适用本条前二款规定，上市公司与交易对方可以根据市场化原则，自主协商是否采取业绩补偿和每股收益填补措施及相关具体安排。"

由此可见，业绩补偿并没有一个准确的定值，并购双方可以针对是否需要业绩补偿进行协商。但大部分的并购重组方案都会出于保护中小投资人，或者快速通过审核的目的，设置业绩补偿条款。

我们可以从以下几个维度判断是否需要进行业绩补偿。

1. 重组行为

通常情况下，业绩补偿仅需要针对资产购买行为进行，出售资产不会享有业绩补偿，因此我们可以根据公司的重组行为进行判断。例如，在进行资产置换时，广州乳业并没有对出售的华联股份进行业绩补偿，但对拟购买的资产设定了一级补偿。

2. 评估方法

重组管理办法规定，只有采取未来收益预期的方法进行资产评估，才需要进行业绩补偿，因此我们可以根据公司的资产评估方法进行判断，仅对基于未来收益预期方法进行评估的部分进行业绩补偿。

3. 收购股比

实际上，在重大资产重组时，为不破坏被并购方的资本结构，并购方通常只会收购控股子公司的少数股东权益，这种交易行为大多是不需要进行业绩补偿的。

我们在设计并购重组方案时，要根据实际经营情况，确定是否需要进行业绩补偿，及具体补偿方法，让并购重组成为公司转型升级的利器。

13.1.4 明确过渡期

并购重组方案中存在4个重要的时间节点，即转让协议签署日、生效日、基准日、交割日，我们常说的过渡期则为从基准日到交割日的这段时间。虽然在过渡期内股权尚未发生转移，但此间的损益可能会对股权转让价格产生影响，从而形成资产转让的最终价格。

要想确定过渡期损益，首先要明确过渡期的起止点。按照《上市公司收购管理办法》（以下简称《收购管理办法》）第五十二条规定“以协议方式进行上市公司收购的，自签订收购协议起至相关股份完成过户的期间为上市公司收购过渡期”，过渡期的起止点设置为协议签署日与交割日。但在实际操作中，大部分上市公司都会根据实际情况进行调整，将基准日设置为过渡期的起始点。

与此同时，未实现上市的公司在进行股权转让时并不受《收购管理办法》的约束，可以根据自身情况设置过渡期的起止点。在实际操作中，许多公司也会将基准日与付款日作为过渡期的起止点。因为收购方已经支付交易价款，即使股权转让尚未正式办理，收购方也理应享有相关利益。

《关于上市公司监管法律法规常见问题与解答修订汇编》，对过渡期损益内容进行了明确规定：“对于以收益现值法、假设开发法等基于未来收益预期的估值方法作为主要评估方法的，拟购买资产在过渡期间等相关期间的收益应当归上市公司所有，亏损应当由交易对方补足。”

我们不难得知，过渡期的损益主要为过渡期间股权的增加额。许多公司也会将过渡期视为净利润的实际分配额，即为标的股权相对应的分红，这样我们就无须对标的资产进行再次评估，操作起来也更为简便。

同时，上述条款也对过渡期损益的归属做出规定，即上市公司享有收益，交易对方补足亏损。我们可以明显感受到证监会对上市公司股东，尤其是中小股东的偏袒。

在设计并购重组方案时，明确过渡期及过渡期的损益安排，不仅可以最大化地提升自身收益，还可以更好地保障交易双方的权益。

13.1.5 案例：中国南车与中国北车合并

中国南车与中国北车合并后正式更名为“中国中车”。合并后的中国中车集合南车与北车的产业优势，巩固了其作为全球最大轨道设备制造商的地位，有望成为全球最大的高铁技术供应商，展现出更强的国际竞争力。

我们将以此次合并为例，对上述各类要素进行分析详解。

1. 交易方案

本次交易以南车换股吸收北车，并将北车的股票进行注销的方式进行。合并后的新公司将承接南车、北车的资产、负债、业务等权利与义务，如图13-1所示。

交易概览			
合并方	中国南车（制造业—铁路、船舶、航空航天和其他运输设备制造业）		
被合并方	中国北车		
交易价值（万元）	7623029.24	并购方式	吸收合并
现金支付金额（万元）	0	并购目的	战略合作
评估价值（万元）	—	支付方式	股权
评估方式	—	标的类型	股权
股权转让比例	100%	控制权是否变更	否
是否有业绩承诺	否	是否有超额奖励	否
在分家14年后，业绩难分伯仲却饱受重复建设、恶性竞争质疑的中国南车和中国北车，在高铁出海的国家战略前，终于走到了合并的关口。本次重组采取南车吸收合并北车的方式进行，新公司更名为“中国中车”。南车北车合并将大大增强我国铁路装备制造的国际竞争力，利于标准制定、研发生产、品牌传播和技术互补，以及整合资源共同攻关重大项目，避免了重复研发和海外竞标恶性竞争。 经证监会并购重组审核委员会于2015年4月3日召开的2015年第25次并购重组委工作会议审核，本次重组获无条件通过			

图13-1 中国南车与中国北车交易概览

2. 交易价格及支付方式

本次合并拟采用股权支付，并通过等比换股的方式保持原股东持有股份的相对比例。双方协商后，将本次合并的换股比例设置为1∶1.10，即每1股中国北车股票可以换取1.10股即将发行的中国中车股票。

例如，中国南车A股的市场参考价为5.63元/股，中国北车A股的市场参考价为5.92元/股。将参考价与换股比例相结合后，即可将中国南车、中国北车的A股股票换股价格分别确定为5.63元/股、6.19元/股。

3. 补偿安排

中国南车赋予异议股东现金选择权，即在现金选择权实施日，异议股东可获得持有股份按照股票交易均价，即A股每股5.63元、H股每股7.32港元支付的现金对价，同时异议股东将对应股份过户到现金选择权提供方名下。

中国北车同样赋予异议股东现金选择权，异议股东可按照A股每股5.92元、H股每股7.21港元的定价标准获得现金对价，并将对应股份过户到现金选择权提供方名下。

除此之外，由于换股股东需要承担相应的股票价格风险，中国北车的换股价格较现金选择权价格存在溢价，即A股为6.19元/股、H股为8.05港元/股。

4. 过渡期安排

双方协议规定，在过渡期内，除进行经双方事先书面同意的事项外，双方的资产、业务等各方面应相互独立且保持稳定；不会进行对经营情况产生重大不良影响的活动。

在过渡期内，双方均不得进行利润分配；若出现上述重大事项，需在征得另一方书面同意后实施。除本次合并外，双方均不得改变股本总额或发行证券。

在本次合并期间，中国南车、中国北车及合并后新公司的股本结构如图13-2所示。

	中国南车		中国北车		合并后新公司	
股东	持股数量 / 股	持股比例	持股数量 / 股	持股比例	持股数量	持股比例
A 股股东	11779000000	85.34%	10126083903	82.60%	22917692293	83.98%
其中：南车集团及其下属企业	7889406857	57.15%	—	—	7889406857	28.91%
北车集团及其下属企业	—	—	6700158074	54.65%	7370173881	27.01%
其他 A 股股东	3889593143	28.18%	3425925829	27.95%	7658111555	28.06%
H 股股东	2024000000	14.66%	2133696400	17.40%	4371066040	16.02%
合计	13803000000	100%	12259780303	100%	27288758333	100%

图 13-2　股本结构

此次合并将有效实现两家公司研发、市场、业务等资源的共享，从而增强轨道交通装备的国际竞争力，进一步加速海外市场的扩展；有利于合并后的中国中车完善自身产品结构，充分发挥规模效应，将自身建设为世界一流公司。

13.2　并购重组战略

公司发展到一定规模后，需要将扩张上升到战略层面，指导公司发展壮大。并购重组的扩张战略主要有 4 种，即横向整合战略、垂直整合战略、多元化战略与一体化战略。不同公司适合的扩张战略也不同，因此我们需要深刻了解每一种扩张战略的优势及劣势，以便在实践中实现“1+1>2”的效果。

13.2.1　横向整合战略：百视通与东方明珠

百视通已经成为国内新媒体视听业务的新锐运营商、服务商。在进行战略整合前，百视通的主营业务为电视、PC、手机、iPad 的视听业务，同时致力于拓展智能产业链。东方明珠的业务涉及旅游、媒体、国内外贸易投资三大板块，同时正在努力进行游戏板块的布局。

截至重组报告书签署日，文广集团持有百视通41.92%的股份，持有东方明珠55.32%的股份，同时为百视通与东方明珠的控股股东和实际控制人。

1. 交易方案

百视通将以换股合并的方式吸收东方明珠，在交易完成后，东方明珠的全部资产、负债、业务和人员都将归百视通所有，如图13-3所示。

交易概览			
合并方	百视通（信息传输、软件和信息技术服务业—电信、广播电视和卫星传输服务）		
被合并方	东方明珠等		
交易价值（万元）	4905200	并购方式	吸收合并
现金支付金额(万元)	257031.72	并购目的	横向整合
评估价值（万元）	—	支付方式	股权＋现金
评估方式	收益法	标的类型	股权
股权转让比例	—	控制权是否变更	否
是否有业绩承诺	是	是否有超额奖励	否
文广集团旗下各文化企业存在分散单独运作和同质竞争的问题，在壳资源稀缺的情况，文广集团舍弃一家上市平台，体现了其为整合资源、优化业务布局与结构的决心。通过百视通以新增股份换股吸收合并东方明珠进行重组，顺应产业融合发展的趋势，重组后的新上市公司将定位为互联网传媒集团，成为A股首家千亿级互联网媒体，这将给国内传统媒体集团起到“标杆性”的示范作用。 经证监会并购重组审核委员会于2015年4月3日召开的2015年第25次并购重组委工作会议审核，本次重组获无条件通过			

图13-3　百视通与东方明珠交易概览

同时，百视通计划通过发行定向股份募集配套资金，募集资金总额约为100亿元，募集到的资金将用于支付部分现金对价及新公司的业务发展。

2. 发行股份情况

此次换股价格基于交易双方的股票交易均价进行调整。最终，百视通的换股价格确定为32.43元/股，东方明珠的换股价格确定为10.63元/股，换股比例为1∶3.05，即每1股即将发行的百视通股票可以换取3.05股东方明珠股票。

此次募集配套资金的发行价格与百视通的换股价格一致，即 32.43 元/股。按照募集资金 100 亿元计算，拟发行股票约为 3 亿股。

3. 双重现金选择权

百视通赋予异议股东现金选择权，即在现金选择权实施日，异议股东有效申报的每一股都可获得换股价格的现金对价，即每股 32.43 元。

东方明珠同样赋予异议股东现金选择权，即在现金选择权实施日，异议股东有效申报的每一股都可获得换股价格的现金对价，即每股 10.63 元。

同时，异议股东将对应股份过户到现金选择权提供方名下。

4. 补偿安排

在收购东方明珠之余，百视通拟收购 4 家文化娱乐公司，即尚世影业、五岸传播、文广互动、东方希杰。这些公司的收购价格都是基于未来现金流计算的评估值，根据相关规定需要对这些公司进行业绩补偿。

文广集团承诺，若出现实际净利润低于承诺净利润的情况，则会通过回购注销股份的方式对上述公司进行补偿。同时，已经补偿的股份不予冲回。在盈利补偿期满后，文广集团还会对标的资产进行减值测试，并根据测试结果补偿相应股份。

5. 交易前后股权结构变化情况

在进行并购重组交易前，百视通与东方明珠股权关系如图 13-4 所示。

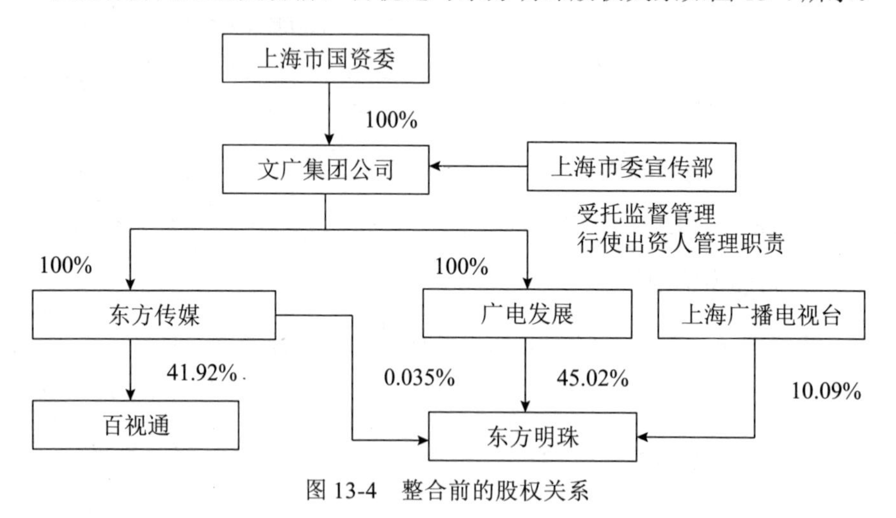

图 13-4　整合前的股权关系

并购重组交易正式实施后，文广集团将直接持有 11.8 亿股，占总股本的 45.07%。为实现公司治理结构的最优化，文广集团还对持有股权进行了规整，股权结构如图 13-5 所示。

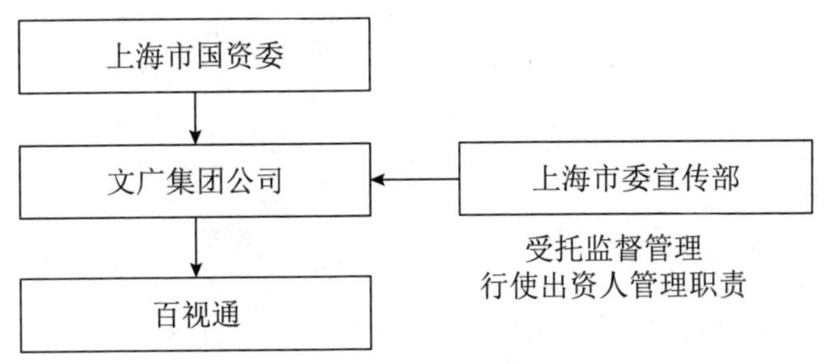

图 13-5　整合后的股权关系

此次交易体现了并购重组战略中的横向整合战略。在并购重组后，百视通的业务布局日益全面，经济规模显著扩大，全方位增强了公司的竞争优势。如今，百视通已经成为全球最著名的产业品牌之一，其新媒体视听业务均为业界领先水平。

13.2.2　垂直整合战略：神雾环保的上市道路

神雾环保致力于为高耗能领域提供环保的炉窑方案。截至重组报告书签署日，北京万合邦持有其 6000 万股，吴道洪持有全部的 19.79% 股权，是神雾环保的实际控制人。

神雾工业炉是节能型工业炉的方案提供商，主要通过承包或提供技术服务向化工行业提供节能工业炉。截至重组报告书签署日，神雾集团掌握其全部股权，吴道洪直接和间接持有神雾集团 61.30% 的股份，是神雾工业炉的实际控制人。

1. 交易方案

神雾环保将通过发行股份的方式向神雾集团购买神雾工业炉全部股权。重组完成后，神雾工业炉将成为神雾环保的子公司，如图 13-6 所示。

<table>
<tr><td colspan="4">交易概览</td></tr>
<tr><td>收购方</td><td colspan="3">神雾环保（制造业—专用设备制造业）</td></tr>
<tr><td>被收购方</td><td colspan="3">神雾工业炉</td></tr>
<tr><td>交易价值（万元）</td><td>187000</td><td>并购方式</td><td>发行股份购买资产</td></tr>
<tr><td>现金支付金额(万元)</td><td>0</td><td>并购目的</td><td>垂直整合</td></tr>
<tr><td>评估价值（万元）</td><td>187000</td><td>支付方式</td><td>股权</td></tr>
<tr><td>评估方式</td><td>收益法</td><td>标的类型</td><td>股权</td></tr>
<tr><td>股权转让比例</td><td>100%</td><td>控制权是否变更</td><td>否</td></tr>
<tr><td>是否有业绩承诺</td><td>是</td><td>是否有超额奖励</td><td>否</td></tr>
<tr><td colspan="4">创业板公司神雾环保被视为“曲线借壳”经典案例，其采取了最具代表性也是最为明显的一种方式避开借壳上市，即率先更换实际控制人，但避开收购资产超过总资产100%这一指标。这一方式的优点在于新东家可在合适的时机先入为主，然后有充足时间进行下一步资产运作。此次神雾环保发行股份购买神雾工业炉100%股权便是神雾集团新一轮资本注入的开始。
经证监会并重组审核委员会于2015年6月3日召开的2015年第45次并购重组委工作会议审核，本次重组获无条件通过</td></tr>
</table>

图13-6　神雾环保与神雾工业炉交易概览

2. 股份发行情况

截至评估基准日，神雾工业炉的净资产为1.5亿元，采用收益法进行评估得到资产估值为18.7亿元，采用市场法进行评估得到资产估值为20.7亿元。最终以收益法评估结果为准，即18.7亿元。

神雾环保的发行价格为股票交易均价的90%，即16.22元/股。按照标的资产18.7亿元计算，神雾环保拟向神雾集团发行股票1.15亿股，约占总股本的28.54%。

3. 补偿安排

神雾集团承诺，若出现实际净利润低于承诺净利润的情况，将会使用股份对神雾环保进行补偿。在盈利补偿期间，神雾集团还会对标的资产进行减值测试，并根据测试结果计算股份补偿数，补偿股份将会以大约1元/股的价格出售给神雾环保。

4. 交易前后股权结构变化情况

在进行并购重组交易前，神雾环保与神雾工业炉的股权结构如图13-7、图13-8所示。

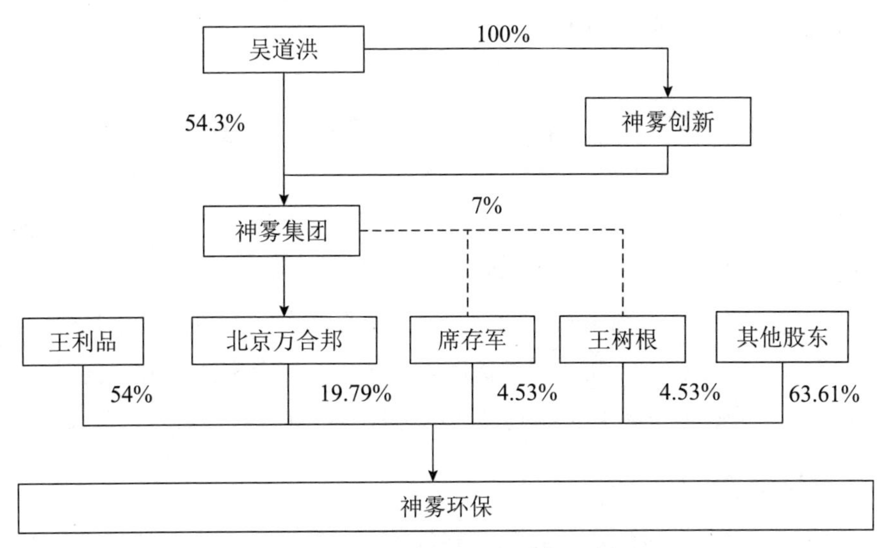

图 13-7 神雾环保股权结构示意图

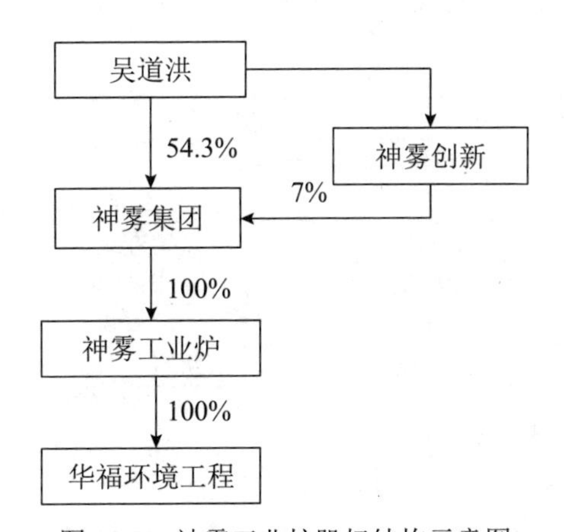

图 13-8 神雾工业炉股权结构示意图

若按照发行股份 1.15 亿股计算，在交易完成后神雾环保的股本将由 2.88 亿股变更为 4.04 亿股，其股本结构变化如图 13-9 所示。

股东	本次交易前		本次交易后	
	数量 / 股	比例	数量 / 股	比例
神雾集团	—	—	115289766	28.54%
北京万合邦	57130000	19.79%	57130000	14.14%

图 13-9 神雾环保股本结构变化

此次交易体现了并购重组战略中的垂直整合战略。在并购重组后，神雾环保同年净利润增长至 1.75 亿元，实现曲线上市。

13.2.3 多元化战略：骅威科技与梦幻星生园

骅威科技公司是一家集动漫、影视、网络游戏及周边衍生产品于一身的综合性互联网文化公司。

梦幻星生园以电视剧、网络剧的制作与发行为主营业务，将年轻的女性白领作为目标用户群，专注于策划优质影视作品。截至重组报告书签署日，梦幻星生园投资、独立承制或参与制作的影视作品共 7 部，累计 259 集。

1. 交易方案

骅威科技将通过发行股份及现金支付的方式购买梦幻星生园 100% 的股权。其中，拟使用现金支付交易对价的 30%，使用股份支付剩余的 70%，如图 13-10 所示。

交易概览			
收购方	骅威股份（制造业—文教、工美、体育和娱乐用品制造业）		
被收购方	梦幻星生园 100% 的股权		
交易价值（万元）	120000	并购方式	发行股份购买资产
现金支付金额(万元)	36000	并购目的	多元化战略
评估价值（万元）	120096.22	支付方式	股权 + 现金
评估方式	收益法	标的类型	股权
股权转让比例	100%	控制权是否变更	否
是否有业绩承诺	是	是否有超额奖励	是
骅威股份以 12 亿元收购影视公司浙江梦幻星生园 100% 股权，同时公司将向中植系旗下三家公司定向增发募集配套资金，发行完成后中植系将成为骅威股份第三大股东。骅威股份与中植系的牵手不止于此，2015 年 7 月，骅威股份通过全资子公司前海骅威拟与中植投资共同投资设立杭州中骅文化基金管理有限公司，并由其作为普通合伙人，中植投资和前海骅威作为有限合伙人，共同出资成立产业并购基金，主要面向影视制作、IP 运营、文化创意、网络媒体渠道、广告传媒、娱乐营销策划、互动卫视节目、网络游戏、高新技术等文化产业领域的投资、并购等经营活动。本次交易完成后，梦幻星生园将成为骅威股份的全资子公司。上市公司将原有业务与影视业务整合，从而形成“动漫—网络游戏—影视剧—周边衍生产品”等多业务板块相互联系、相互延伸、相互交融的业务模式。 经证监会并购重组审核委员会于 2015 年 8 月 27 日召开的 2015 年第 71 次并购重组委工作会议审核，本次重组获得无条件通过			

图 13-10　骅威科技与梦幻星生园交易概览

骅威科技计划通过发行定向股份募集配套资金，募集资金总额不超过交易价格的100%，且是否成功筹集资金不会对此次交易行为产生影响。若出现筹集失败或筹集到的金额低于预期的情况，缺额将由骅威科技自行补足。

筹集资金总额约为4亿元，每股发行价格为17.12元。同时，此次配套融资的定向股份发行对象为中植投资管理有限公司的3家合伙公司，这3家合伙公司合计获得2000万股。

2. 股份发行情况

截至评估基准日，梦幻星生园的全部股权估值为12亿元，其账面净资产为1.2亿元，经梦幻星生园的全体股东协商后，确定交易价格为12亿元。

骅威科技的发行价格为股票交易均价的94%，即15.28元/股。经计算，骅威科技需要发行股份约5000万股。同时，双方协定后确定股份禁售期（即从股份发行结束日、股份上市日起12个月内），禁售期内股份不得转让。

此外，此次募集配套资金采用锁价方式，发行价格为17.12元/股。按照募集资金4.4亿元计算，拟发行股票约2000万股。募集到的资金将用于支付部分现金对价及新公司的业务发展。

3. 补偿安排

梦幻星生园原计划与华为控股公司进行并购交易，但双方一直无法就估值问题达成一致，因此嫁接骅威科技。基于此，梦幻星生园做出承诺，其利润增长率将在此后的3年中实现超7倍的增长。

如此快的利润增长速度明显不合常理，但梦幻星生园的管理人员披露，公司4部电视剧的合约金额已达2.5亿元，预计可实现至少7000万元的盈利，之前承诺已经取得阶段性胜利。

4. 超额奖励

经交易双方协定，若承诺期实际实现的净利润高于承诺利润，骅威科技将用超过部分的40%作为奖励对价。获得的奖励的具体分配情况由梦幻星生园原负责人协商确定，相关的纳税义务则由实际受益人自行承担。

5. 交易前后股权结构的变化情况

骅威科技交易前的总股本为3.48亿股，由于本次交易前后郭祥彬分别持有 36.99%、30.02% 的股权，始终为公司的控股股东和实际控制人，本次交易并未导致骅威科技的实际控制人发生变化。

此次交易体现了并购重组战略中的多元化战略。在并购重组后，骅威科技原有业务与梦幻星生园影视业务相互补充，为用户提供了品类更丰富、层次更分明的综合娱乐体验，形成各个业务板块互有联系、相互交融的新型业务模式。

13.2.4 一体化战略：沃尔玛成长为最大连锁零售商

沃尔玛一直围绕自身定位，不断优化店铺布局，强化优势资源，加强价值链管理，在实行一体化战略后，最终成长为全球最大的连锁零售商。

这种一体化的投资战略不仅可以提升公司综合实力，实现规模效应，还可以减少上下游之间的交易成本，获得对关键资源的控制权。在并购行业竞争者、实现横向整合战略的同时，沃尔玛还建立起互惠互利的合作供应商关系，实现了垂直整合战略。在二者的共同作用下，沃尔玛的综合实力得到全面提升。

在初具发展规模之后，沃尔玛便开始尝试通过合资及并购的方式进入国际市场。例如，沃尔玛通过收购 WOOLCO 的 122 家分店进入加拿大市场，通过购买中美洲零售控股公司的股权进入洪都拉斯市场，通过与 BHARTI 公司合资进入印度市场。除此之外，在环球信贷危机前后的经济停滞期，大部分公司都在实行紧缩政策，沃尔玛却借机实现了资产规模的低成本扩张，进一步扩大自身规模。

为进一步完善业务系统，沃尔玛还发射了自己的商业卫星，实现了全球范围内的信息互通。其全球数千家门店的产品数据，均会在信息系统上实时更新，大大降低了工作人员进行产品管理的难度。同时，信息系统可以实时查询产品的单价、库存量、销售量、库存地点等基础信息，这也显著提升了沃尔玛与供应商的沟通效率，进一步增强其竞争优势。

与此同时，沃尔玛将供应商的信息系统与自身系统对接，基于自身门店的合理布局，实现进货时间大幅缩短，最大限度地降低了产品在途时间，成功压缩了运营成本。

除借助一体化战略模式同步实现产业的横向与纵向整合外，沃尔玛还将全部资金集中于主营业务，积极创立自有品牌，全方位增强自身核心竞争能力。随着经济的稳步发展，沃尔玛的行业优势地位逐渐确立，最终成长为全球最大的连锁零售商。

13.3 并购重组形式

在激烈的市场竞争中，并购重组能快速提升产品的市场占有率，实现公司规模的迅速扩张。在并购重组过程中，往往会涉及庞大的资产往来，交易双方需要通过不同的形式确定并购关系。并购重组的主要形式通常为要约收购、协议收购、间接收购、重大资产重组四种，下面我们一一举例说明。

13.3.1 要约收购：美的与KUKA

要约收购，即收购方发出收购公告，在得到被收购方确认后再进行收购。这是最常见的收购形式，可用于收购上市公司依法发行的全部股份。

在 KUKA 接受要约收购的当天，美的与其签订投资协议，协议自签署日起生效，投资协议期限为 7.5 年。与此同时，美的承诺，在进行要约收购后，KUKA 还将保持其独立性。

KUKA 管理人员表示，通常情况下，投资协议期限为 2 ～ 3 年，此次签订 7.5 年的协议，其实是为了保证 KUKA 公司及其员工的利益，增强投资人对 KUKA 的信心。在协议期满后，双方还会针对自身需求进一步商议合作条件。

在此次收购前，美的公司就已经提出“双智”战略计划，即实现智慧家居与智能制造的有机结合。KUKA 公司在工业机器人及自动化生产等方向均具有较强的产业优势，将 KUKA 公司的先进技术与美的公司积累的产业资源相结合，不仅可以全面推进美的该项战略计划的实施，还可以进一步开拓国内的机器人市场。

随着美的产业渠道的不断优化，其产品销量显著提升，连续几年业绩保持正增长。在国际化战略与“双智”战略指导下，美的公司的发展空间进一步扩大，有望在工业机器人方面实现弯道超车，成为行业龙头。

13.3.2 协议收购：礼来制药与Disarm Therapeutics

协议收购，即收购方使用证券交易所之外的方式直接联系被收购方，并通过谈判、协商等方式与其达成协议，收购其股权的行为。这种收购方式可以较为轻松地获取被收购方的信任，实现收购成本与风险的同步降低。

2020 年 10 月，礼来制药宣布与 Disarm Therapeutics 达成协议，将以 1.35 亿美元的价格对其进行收购。Disarm Therapeutics 是一家私人生物技术公司，已经研制出高效的 SARM1 抑制剂，这种抑制剂能够为轴突变性患者提供全新的修正疗法。

礼来制药相关部门研究人员表示：“礼来公司继续寻求治疗与神经损伤相关的致衰性疼痛和功能丧失的药物。Disarm 的科学团队发现了一种重要且极具前景的方法来对抗轴突变性。我们将迅速开发其 SARM1 抑制剂，使之成为治疗周围神经病变和神经系统疾病的潜在药物。”

此次收购将会使礼来制药在疼痛、神经退行性疾病等方面取得突破性进展。同时，礼来制药在协议中承诺，如果他们可以依据这种抑制剂研制出可商业化的药物，还将为 Disarm Therapeutics 的股东提供共计 12.25 亿美元的阶段性奖励。

13.3.3 间接收购：国投绿色能源与华控赛格

间接收购，即收购方完成收购后，并未成为被收购方的控股股东，通常情况下，收购方会以实际控制人的身份实行对被收购方的管理。

2019 年 5 月，华控赛格发布公告称，公司控股股东计划将持有股权转让。该事项可能导致公司控股股东和实际控制人发生变更。

同年 10 月，华控赛格宣布与国投绿色能源签订股权转让协议，华融泰仍为其控股股东，其实际控制人则变更为国投绿色能源。对此，华控赛格向广大投资人表示，公司在生产经营等方面始终保持独立，本次变更不会对公司发展产生不利影响。

值得注意的是，国投绿色能源实际为三晋国投的子基金，在此次交易完成后，山西国投将间接持有华控赛格 26.48% 的股权，成为其实际控制人，如图 13-11 所示。

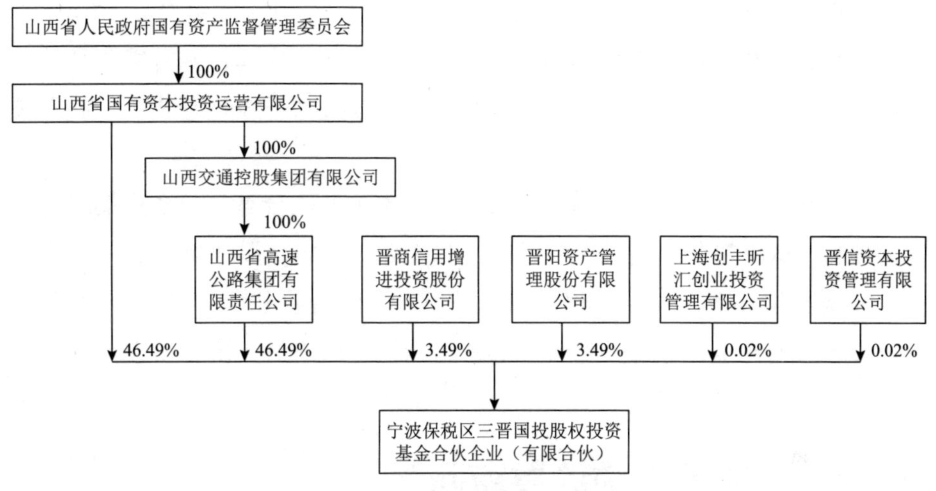

图 13-11　三晋国投股权结构图

在此前的两年间，华控赛格曾多次出现营收滑坡，其 2019 年一季度财报显示，公司营收同比下降 45.86%，净利润同比下降 96.07%。此次实际控制人变更，为华控赛格重新注入活力，其营收颓势得到显著缓解。

与此同时，山西国投明确表示，此次收购的主要目的是将自身产业优势与华融泰的资本布局相结合，实现自身与资本市场的全面对接，为旗下公司提供更为多元的盈利点。

13.3.4　重大资产重组：太极实业案例分析

重大资产重组，即上市公司出售的股权达到50%及以上的资产交易行为。

太极实业在停牌半年后宣布将进行重大资产重组，即公司将以 23 亿元并购十一科技。在资产重组后，新公司将在电子信息、生物工程、新能源等行业处于领先地位。

太极实业发布公告表示，公司将以 4.61 元 / 股的价格购买十一科技总计

81.74% 的股权，本次交易预估金额计 22.72 亿元。与此同时，太极实业计划以 5 元 / 股的价格发行 4.2 亿股定向股份募集配套资金，募集资金总额约为 21 亿元，募集到的资金将用于支付部分现金对价及新公司的业务发展。

太极实业的主营业务为合成化纤制造与加工，同时兼营半导体封装与测试。由于化纤行业低迷，公司业绩出现多次下滑。十一科技的主营业务为工程咨询、工程设计、工程承包等工程技术服务。基于此，太极实业启动了此次重大资产重组项目，力求实现从传统纺织公司到半导体科技公司的重要转型。

此次重大资产重组完成后，新公司与多家公司联合参与一系列集成电路重大项目，其在半导体科技领域的市场份额超过 70%，处于行业领先地位。交易完成次年，新公司在工程技术服务等方面的营收共计 72 亿元，占总营收的 60%，有望成为新公司继存储芯片封测技术后的又一核心优势。

13.4 并购重组中的重点问题

并购是一项涉及经济、法律法规等多方面的系统工程，对公司进行充分了解和分析是并购成功的前提。为确保并购正常进行，以及制定合理的并购与并购后整合策略，我们必须了解并购重组过程中的几个重点问题。

13.4.1 掌握谈判技巧，占据主动权

如果并购方没有发现重大隐瞒问题，便会与被并购方就一些细节进行更加深入的并购谈判。在并购谈判中，谁占据主动，谁就可以获得更多的利益，拥有更多的话语权。掌握以下谈判技巧，可以帮助我们占据主动权。

第一，与其花言巧语，不如用实力说话。

对于并购方来说，无论被并购方把团队、项目、商业模式、市场情况、组织架构等介绍得多详细、多有吸引力，有些重要数据都不能忽视，例如活跃用户数量、新增用户数量、每用户平均收入、用户留存率、销售量等。

很多时候，并购方会参考上述数据决定是否进行并购。因此在进行并购

谈判时，被并购方可以直接向并购方抛出一连串数据，然后围绕这些数据做一些解释和畅想。

此外，被并购方还要识别并购方的“花言巧语”，切勿让自己陷入“一厢情愿”的境地。并购方离开前的客套话无须当真，这并不是压低价格的方法。

第二，与其长篇大论，不如击中要点。

在并购谈判中，1 个小时已经足够被并购方将吸引并购方的要点充分展示出来，如果超过 1.5 小时还没有得出最后结果，那么此次并购谈判就可以终止了。

当然，如果并购方想知道更多细节，也可以将时间适当延长。但如果并购方没有表现出热情，过久的谈判只是在浪费双方的精力和时间。

第三，与其当场签署并购协议，不如先行明确节点。

少数并购方会决定当场签署并购协议，这对于被并购方固然是一件好事。但在遇到这样的情况时，被并购方更需要明确节点，例如，明确交付资金的时间等。在并购谈判过程中，双方提前确定重要的时间节点也是相互负责任的表现。

第四，用一些疑问词，学一点修辞学。

对于并购谈判中的很多事情来说，修辞学会有所助益。在向并购方提出问题时，被并购方应该将反问句替换为疑问句，疑问句不仅可以让被并购方得到更有价值的答案，还可以给买卖双方提供同等的话语权。例如，将“您能给的资金只有这么多”替换为：“您还能增加多少资金”。

除此之外，通过由浅入深的方式逐渐提出一些比较敏感的问题，可以让并购方舒缓心情，有利于加深与并购方的交流，促进并购谈判的成功。

13.4.2 并购协议：通用条款+特殊条款

无论是公司管理层，还是并购负责人，都需要了解并购协议中的关键条款。对于并购协议而言，估价条款、价款支付条款、基准日选择是常见的通用条款，承诺和保证条款则是常见的特殊条款。在掌握这些条款后，我们就可以让并购协议对自己更有利，从而在并购中占据有利地位。

1. 估价条款

前面已经说过，预估价格与资产负债表上记载的股东权益息息相关。也就是说，预估价格会随着资产负债表上股东权益的变化而发生变化。因此，并购方必须要求被并购方提供准确、真实的资产负债表，否则预估价格就需要进行相应调整。

为了切实维护利益，并购方不应该将预估价格设置为固定数值，而应该根据实际情况为其留出调整空间。这样可以在一定程度上规避并购过程中可能出现的风险。此外，并购方必须认真审核估价条款，尤其在并购方出现披露不充分的问题时更应该如此。

2. 价款支付条款

价款支付条款的内容主要是并购方的付款方式和付款期限，该条款有利于规避资金迟迟不到账的风险。

为规避并购风险，以及顺利取得或然负债（即未来可能会出现的负债，通常是因为担保、诉讼、仲裁、产品保修费用等引起）的赔偿，并购方必须争取把一部分价款滞留在自己的手中。此外，为减少税务争议，价款支付条款也可以增加这样的内容：“经过双方友好商定：乙方（并购方）同意以税后价款（或不含税价款）________万元（大写：人民币________元）并购甲方（被并购方）百分之 ×× 的股权。”

3. 基准日选择

在并购中，基准日是双方利益与责任的分水岭。在基准日以前，利益和责任归被并购方所有；在基准日以后，利益和责任归并购方所有。鉴于基准日的强大作用，我们需要设置与之相关的条款，例如，明确并购的基准日为 ×××× 年 × 月 × 日。

在并购协议中，基准日的功能主要有两个：一是自该日起，被并购方不可以进行利润分配，或者转让与处分无形资产、固定资产、土地产权、销售网络等特有资源；二是自该日起，双方可以约定进入共同监管期。值得注意的是，在共同监管期内，并购方也许会向被并购方派遣观察员，以便为被并购方的重大行为背书。

4. 承诺和保证条款

承诺和保证条款是常用的特殊条款，该条款的作用是明确双方应该承担的责任，对于促进被并购方如实披露、规范操作具有非常重要的意义。

被并购方的承诺和保证条款大多以“被并购方为顺利完成并购交易向并购方做出承诺和保证，并购方应该基于这些承诺和保证进行并购”为开头。

从实践经验来看，被并购方的承诺和保证条款越多，对并购方就越有好处。因此在并购合同中，被并购方应该根据实际情况，在最大限度保护自身利益的同时，尽可能多地增加这样的条款，以促进并购的顺利完成。

并购方的承诺和保证条款大多以“并购方向被并购方承诺和保证如下”作为开头。由于双方地位不同，在并购协议中各自的承诺和保证条款也存在差异。并购方主要承担支付价款的责任，所以协议内条款较少，通常也只会阐述相应的内容。

13.4.3 做好财务审核以及业务审核

除谈判技巧和并购协议中的关键条款外，公司的财务审核和业务审核也非常关键，它们深刻影响并购的效率和结果。其中，业务审核是重中之重，财务审核需要围绕它展开。与之相关的审核包括以下几个重点。

（1）处于研发阶段的产品，最好有基本资料及详细明确的时间计划表。同时，如果公司目前有正在开发的知识产权，则务必配备相关证明。此外，对公司进行实地走访，参观公司营业地点或者技术研发实验室，可以对产品流程有更清晰的认识。

（2）在对公司产品有一定认识之后，还需要了解市场。例如，了解公司正在经营的产品具体属于什么行业；国家或者地区对于这种行业的态度与政策如何；产品所占市场规模大小、市场结构以及市场分配情况。此外，还应该对公司现阶段经营产品的发展趋势做出预测。

（3）了解行业发展方向后，可以深入了解公司的潜力和成长空间。这部分的审核通常包括：了解产品在市场中的销售情况，并根据相关统计数据，预测可能发生的变化；了解国家对于产品的相关政策，以及之后可能会发生的政策变化；根据成本利润率、产值利润率、资金利润率、销售利润率、薪酬利润率等指标了解公司利润水平，以及利润水平发生变动的原因。

（4）经营现状能很好地反映客户和供应商数量、竞争对手数量与情况、业务范畴。以阿里影业为例，近几年阿里影业逐渐占据行业的半壁江山，阿里影业旗下的衍生品也为其创造了近 7 亿元的业绩。如今，阿里影业的业务主要有内容制作和研发、宣传发行、娱乐电商、海外业务四个部分，如图 13-12 所示。

图 13-12　阿里影业的业务范畴

综上，通过直观的图片和文字描述，我们可以对阿里影业的经营现状和业务范畴产生明确认知。当然，在具体操作时，被并购方也可以增加一些数据，以展示不同业务的具体情况，从而帮助并购方对未来发展方向进行预判。

（5）相关的财务报告，包括资产负债表、利润表、现金流量表、所有者权益变动表、附表及会计报表附注、财务情况说明书、银行流水账单、银行对账单等。一份完整的财务报告可以很好地展示公司近年来的财务状况并预测未来的财务变化趋势。

（6）盈利及资产事项。盈利是反映公司价值的一个重要考量因素，代表了公司利用资产创造收益的能力，体现了公司的管理水平和业绩，因此必须将其纳入审核指标。在对资产进行审核时，应该查看资金明细表，核查大额资金的流出和流入，分析业务背景是否合理，判断资产规模是否偏小，以及无形资产是否远多于有形资产，分析流动资金是否充足等。

（7）公司现行会计政策。在不同经济形势下，会计政策应该根据经营安全需要进行调整。例如，北京某网络公司正处于成长扩张期，为获得更好发展，将会计政策调整为“将某些递延费用予以资本化”。当业务正常运行后，该公司又根据自身需求更改为相对稳健、保守的会计政策。

了解业务、财务等信息可以掌握公司的经营情况和资金运转情况，并据此客观分析公司的优势和劣势，对公司未来发展做出评估和预测，尽可能降低并购风险。

13.4.4 股权转让协议范本

股权转让协议

转让方（以下简称甲方）：
住址：
身份证号码：
联系电话：

受让方（以下简称乙方）：
住址：
身份证号码：
联系电话：

上海市 ×××× 有限公司（以下简称 A 公司）于 ×× 年 3 月 9 日在上海市设立，由甲方与 ××× 合资经营，注册资金为人民币 50 万元。其中，甲方占 50% 的股权。现在，甲方自愿将这部分股权转让给乙方，乙方也同意受让。现甲、乙双方根据《中华人民共和国公司法》和《中华人民共和国合同法》的规定，经协商一致，就股权转让事宜达成如下协议：

一、股权转让的价格及转让款的支付期限和方式

1. 甲方占有 A 公司 50% 的股权，根据 A 公司章程规定，甲方应出资人民币 25 万元，实际出资人民币 25 万元。现甲方将其占 A 公司 50% 的股权

以人民币 11 万元（大写：壹拾壹万元）转让给乙方。

2. 乙方应于本协议生效之日起按前款规定的币种和金额将股权转让款以银行转账方式分三次支付给甲方，具体支付安排如下：

第一期，应在 ×× 年 4 月 1 日前支付转让款 5 万元（大写：伍万元）；

第二期，应在 ×× 年 8 月 1 日前支付转让款 4 万元（大写：肆万元）；

第三期，应在 ×× 年 12 月 31 日前支付转让款 2 万元（大写：贰万元）。

所有支付的转让款应转账至以下账户，否则视为乙方未支付转让款：

开户银行：

户名：

账号：

二、甲方保证对其拟转让给乙方的股权拥有完全处分权，保证该股权没有设定质押，保证股权未被查封，并免遭第三人追索，否则甲方应当承担由此引起的一切经济和法律责任。

三、有关 A 公司盈亏（含债权债务）的分担

1. 本合同生效后，乙方按受让股权的比例分享 A 公司的利润，分担相应的风险及亏损。

2. 如因甲方在签订本协议时未如实告知乙方有关 A 公司在股权转让前所负债务，致使乙方在成为 A 公司股东后遭受损失，乙方有权向甲方追偿。

四、违约责任

1. 本协议一经生效，双方必须自觉履行，任何一方未按协议的规定全面履行义务，应当依照法律和本协议的规定承担责任。

2. 如乙方不能按期支付股权转让款，每逾期 1 天，应向甲方支付逾期部分转让款的万分之五的违约金。如因乙方违约给甲方造成损失，乙方支付的违约金金额低于实际损失的，乙方必须另外予以补偿。

3. 如由于甲方原因，致使乙方不能如期办理变更登记，或者严重影响乙方实现订立本协议的目的，甲方应按照乙方已经支付的转让款的万分之五向乙方支付违约金。如因甲方违约给乙方造成损失，甲方支付的违约金金额低于实际损失的，甲方必须另外予以补偿。

五、协议的变更或解除

甲、乙双方经协商一致，可以变更或解除本协议。经协商变更或解除本

协议的，双方应另行签订变更或解除协议，并经上海市公证处公证（如果是外商投资的公司，须报请审批机关批准）。

六、有关费用的负担

在本次股权转让过程中发生的有关费用（如公证、评估或审计、工商变更登记等费用），由甲方承担。

七、争议解决方式

因本协议引起的或与本协议有关的任何争议，甲、乙双方应友好协商解决。如协商不成，按照下列方式解决（任选一项，且只能选择一项，在选定的一项前的方框内打“√”）：

□ 向上海市仲裁委员会申请仲裁

□ 提交中国国际经济贸易仲裁委员会相关分会在上海市进行仲裁

□ 向有管辖权的人民法院起诉

八、生效条件

本协议经甲、乙双方签字（盖章）并经上海市公证处公证后（如果是外商投资的公司，须报请审批机关批准后）生效。双方应于协议生效后依法向工商行政管理机关办理变更登记手续。

九、本协议一式四份，甲、乙双方各执一份，A公司、上海市公证处各执一份。

转让方：

受让方：

年　月　日

参考文献

[1] 管清友 . 重回价值：中国企业的资本运作法则 [M]. 杭州：浙江大学出版社，2020.

[2] 徐友斌 . 资本游戏：企业生存与成长的资本运作之道 [M]. 成都：四川人民出版社，2019.

[3] 胡华成 . 白手起家开公司 [M]. 北京：电子工业出版社，2019.

[4] 常坷 . 公司股权架构图解手册 [M]. 北京：中国铁道出版社，2020.

[5] 单海洋 . 非上市公司股权激励一本通 [M]. 北京：北京大学出版社，2019.

[6] 廖连中 . 企业融资 II：股权债权 + 并购重组 +IPO 上市 [M]. 北京：清华大学出版社，2019.